中国社科院国情基地和院地合作项目

厦门打造国家区域科技创新中心的战略与政策研究

“厦门打造国家区域科技创新中心的战略与政策研究”课题组◎著

经济管理出版社
ECONOMY & MANAGEMENT PUBLISHING HOUSE

图书在版编目（CIP）数据

厦门打造国家区域科技创新中心的战略与政策研究 /
“厦门打造国家区域科技创新中心的战略与政策研究”课
题组著. -- 北京 ：经济管理出版社，2024. -- ISBN
978-7-5096-9794-8

Ⅰ. F127.573

中国国家版本馆 CIP 数据核字第 20247YA698 号

责任编辑：赵亚荣
责任印制：许　艳
责任校对：蔡晓臻

出版发行：经济管理出版社
（北京市海淀区北蜂窝 8 号中雅大厦 A 座 11 层　100038）
网　　址：www.E-mp.com.cn
电　　话：（010）51915602
印　　刷：北京晨旭印刷厂
经　　销：新华书店
开　　本：720mm×1000mm/16
印　　张：11.75
字　　数：162 千字
版　　次：2024 年 10 月第 1 版　　2024 年 10 月第 1 次印刷
书　　号：ISBN 978-7-5096-9794-8
定　　价：98.00 元

“厦门打造国家区域科技创新中心的战略与政策研究”课题组

课题组组长：	史　丹	中国社会科学院工业经济研究所
课题组副组长：	曲永义	中国社会科学院工业经济研究所
	戴松若	厦门市发展研究中心
课题组成员：	刘建丽	中国社会科学院工业经济研究所
	高中华	中国社会科学院工业经济研究所
	李　伟	中国社会科学院工业经济研究所
	李先军	中国社会科学院工业经济研究所
	闫　梅	中国社会科学院工业经济研究所
	张任之	中国社会科学院工业经济研究所
	吴海军	中国社会科学院工业经济研究所
	谢　强	厦门市发展研究中心
	林　智	厦门市发展研究中心
	肖凌欣	厦门市发展研究中心

目 录

总报告

推动科技创新中心建设是党中央做出的一项重要战略部署。党的二十大报告提出，“统筹推进国际科技创新中心、区域科技创新中心建设”，为科技创新中心发展指明方向。目前，党中央已形成“3+3”科技创新中心战略布局，即北京、上海、粤港澳大湾区打造三大国际科技创新中心，成渝、武汉和西安建设具有全国影响力的科技创新中心。在“3+3”科技创新中心战略布局基础上，支持有条件的地方建设区域科技创新中心是下一步科技创新中心建设的重要方面。

国家区域科技创新中心是国家区域创新资源的集中承载地，是国家区域创新布局的重要载体，是国家创新成果的重要集聚地，在吸引创新要素集聚、激发创新动能、加速创新产出、繁荣创新生态、打造区域竞争优势、实现科技自立自强和助推高质量发展方面发挥重要作用。打造国家区域科技创新中心是厦门在全球竞争新格局下支撑国家科技自立自强的重要内容，是在国家推动两岸融合发展国家战略背景下打造先行示范区的战略举措，也是新形势下厦门以发展模式和发展动力的创新支撑自身高质量发展以及结合自身特征和区域竞争现实条件下构建竞争优势的重要选择。良好的创新要素和较强的能力支撑、坚实的产业基础和现实的需求牵引、优良的政策条件和优越的人居环境，以及独特的区位优势和国家的战略布局，为厦门打造国家区域科技创新中心提供了极其优越的现实条件。但是，厦门在支撑国家区域科技创新中心建设方面尚存在创新资源投入不足、创新能力不强、产业牵引力有限、创新生态不完善等现实困难。为此，针对“到2027年基本形成国家区域科技创新中心”的一个战略目标，需坚持“五个面向”，以“四个结合”为原则，聚焦“四大高地”建设，进一步推动政策创新，围绕创新主体、创新要素、创新载体和创新生态“四大战略任务”推动体制机制的创新突破，加快厦门打造国家区域科技创新中心步伐。

一、厦门打造国家区域科技创新中心的重要意义

厦门打造国家区域科技创新中心，是在全球竞争新格局下支撑国家科技自立自强和建设科技强国的重要组成部分，是在国家推动两岸融合发展国家战略背景下打造先行示范区的战略举措，也是新形势下厦门以发展模式和发展动力的创新支撑自身高质量发展以及结合自身特征和区域竞争现实条件下构建竞争优势的重要选择。

（一）为国家高水平科技自立自强和建设科技强国提供战略支撑

近年来，在美国及其盟友的推动下，西方国家以“逆全球化”的做法打压和遏制我国在高科技领域的发展，在这一背景下，实现高水平科技自立自

强和建设科技强国是我国的必然选择。作为面向东南地区（包括台湾）[①] 的主要科学中心和创新高地，厦门要结合自身的经济社会发展和区域优势，打造具有影响力的国家区域科技创新中心，围绕高水平科技自立自强和建设科技强国的战略目标，以“面向世界科技前沿、面向经济主战场、面向国家重大需求、面向人民生命健康”为指引，发挥厦门打造国家区域科技创新中心在支撑国家科技自立自强中的重要作用，助力国家前沿技术攻关，加速原始创新突破，破解“卡脖子”技术难题。

（二）为加快建设两岸融合发展示范区提供载体和平台支撑

独特的地理区位决定了厦门在推动两岸融合发展中的独特功能和角色。厦门要按照《中共中央　国务院关于支持福建探索海峡两岸融合发展新路建设两岸融合发展示范区的意见》的要求，坚持贯彻新时代党解决台湾问题的总体方略，践行“两岸一家亲”理念，以通促融、以惠促融、以情促融，发挥厦门担当。按照加快建设两岸共同产业、共同市场、共同家园，深化两岸各领域融合发展的要求，打造国家区域科技创新中心，是厦门利用经济特区和台胞台企登陆第一家园“第一站”的特殊身份，深化两岸科技创新和产业融合发展、培育创新能力、加速科技成果高质量转化的重要举措。

（三）为新时代厦门高质量发展注入发展活力和内生动力

进入新时代以来，厦门市经济高质量发展加速推进，对具有高创造力的创新资源和要素的需求进一步加大，对创新驱动厦门进一步提升城市能级和

① 面向东南地区（包括台湾）的定位，是由福建尤其是厦门特殊的地理位置所决定的，福建地处长三角和珠三角中间地带，尤其是邻近台湾地区，在科技创新、产业发展等方面具有独特的地位，面向东南地区（包括台湾）是不可拆分的一个定位，是对原来将台湾地区视为特殊地理区域的一种发展，在地理位置上包含原来的海西地区和台湾地区。

在全球价值链中的地位的需求更加迫切。打造创新资源和要素集聚的区域科技创新中心，是推动厦门实现创新、协调、绿色、开放、共享目标的必然选择，将为厦门高质量发展提供持续的动力支持。

（四）为未来厦门构建区域竞争优势提供新动能

厦门经济特区因改革开放而生，因改革开放而兴，在主要中心城市和都市圈快速崛起的背景下，厦门要以创新进一步巩固改革开放的成果，提升厦门在全国的发展位势。打造国家区域科技创新中心，是厦门集聚创新要素、促进创新产出、构建创新生态的重要实现方式，也是厦门构筑区域竞争优势、在未来竞争中制胜的必然选择。厦门市国土空间面临现实的限制，在相对有限的地理空间内保持和提升厦门在国内乃至国际上的竞争力，迫切需要厦门转变发展模式，实现从工业中心、商贸中心、地理中心向科技中心、创新中心、教育中心、未来产业中心的转变。打造国家区域科技创新中心，是厦门推动创新要素集聚、提升创新能力、支撑未来产业发展的必然选择，是厦门进一步发展和打造高质量发展引领示范区，探寻差异化发展优势，提高发展密度，打造厦门高质量发展比较优势的必然选择。

二、厦门打造国家区域科技创新中心的有利条件

良好的创新要素和较强的能力支撑、坚实的产业基础和现实的需求牵引、优良的政策条件和优越的人居环境，以及厦门独特的区位优势和国家的战略安排，为厦门打造国家区域科技创新中心创造了极为优越的现实条件。

（一）良好的创新要素和较强的能力支撑

厦门经济特区设立40余年来，厦门从发展“三来一补”加工制造业转型为发展高端制造业和现代服务业，在这一过程中，科技创新要素得到有效集聚、区域创新能力显著提升，这也成为厦门打造国家区域科技创新中心的重要基础条件。

一是具有较为扎实的创新基础条件。2022年，厦门跻身首批国家创新型试点城市，全社会研发投入强度达到3.21%，居福建省首位，远高于全国、全省平均值；全市万人有效发明专利拥有量达44.77件，其中万人高价值发明专利拥有量达20.8件，为全国平均水平的2.2倍、全省平均水平的3.1倍，具有打造国家区域科技创新中心的创新引领能力。根据《国家创新型城市创新能力评价报告2022》，厦门创新能力指数居全国第14位；《中国城市科技创新发展报告（2021）》显示，厦门市在科技创新发展指数排名中位于前20；福厦泉国家自主创新示范区考核评估中，厦门片区连续四年居全省第一。

二是在细分领域具备较强的科技竞争力。厦门拥有一批具有国际竞争力的科技企业和创新机构，涌现出了一些具有原创性、引领性的创新产品和技术，如世界首支戊肝疫苗、国产首支宫颈癌疫苗等新药，在超细晶硬质合金、双向拉伸尼龙薄膜（BOPA）等领域的技术达到国际先进水平。

三是建成了一批科技创新体系和平台。厦门火炬高新区综合实力2022年排名提升至全国第11位（较2021年的第16位前进5位），火炬物联网专业孵化器获评“2022年度国家级科技企业孵化器”，厦门国家级科技企业孵化器累计达10家，为厦门市打造国家区域科技创新中心提供了强有力的支撑。

（二）坚实的产业基础和现实的需求牵引

科学技术与产业发展是融合共生的。科学技术是产业发展的原动力和内在引擎，产业发展是科学技术进步的重要牵引力。厦门现有产业具有一定的创新基础，且在产业升级和结构调整过程中形成对创新的庞大需求，成为厦门打造国家区域科技创新中心的重要产业基础。

一是支柱产业具有较强的竞争力，且产业升级需求强烈。厦门的电子信息、机械装备、新材料等产业在全国具有一定的优势。2022 年，厦门跻身“中国新型显示十大城市”，生物医药港综合竞争力首次进入全国前十，成为国内锂电池产业链发展较为完整的头部城市之一。厦门传统产业的规模优势为企业强化创新投入提供了基础条件。随着厦门不断推动传统产业升级和新兴产业培育，企业对创新的需求快速增长，这为厦门进一步强化企业的创新主体地位、提升区域创新水平和创新能力创造了良好的市场条件。

二是产业体系不断优化，新兴产业和未来产业的创新需求强烈。厦门在以科技创新为支撑的现代化产业体系建设方面，具有较好的产业布局。厦门以先进制造业和现代服务业为主体，战略性新兴产业为支撑，未来产业为机遇，构建了动能持续、梯次发展的“4+4+6”现代化产业体系。其中，生物医药、新材料和新能源三个战略性新兴产业规模近 3000 亿元，占规模以上工业总产值的 32.4%，凸显了厦门在新兴产业领域的发展潜力。此外，厦门也在前瞻性布局第三代半导体、氢能与储能、基因与生物技术、未来网络、前沿战略材料、深海空天开发等未来产业。战略性新兴产业的技术密集型、人才密集型和资金密集型特征必然要求各类创新要素的高度集聚，这为厦门打造国家区域科技创新中心夯实了未来发展的基础。

三是现代服务业快速发展，为创新生态建设提供了良好的商业环境。厦门市金融、现代物流、文化旅游、软件信息服务等产业集群的营收已经超过千亿元，新商业模式也在蓬勃发展，如跨境电商、直播经济、社区新零售等，网络零售额年均增长率高达 35.6%。现代服务业的高质量发展，为创新人才和资本集聚、新技术孵化、数据创造等提供了新机会，并进一步为商业环境的改善注入了力量，为厦门打造国家区域科技创新中心提供了良好的环境和条件。

（三）良好的政策条件和优越的人居环境

创新要素的集聚和产业的需求牵引是科学技术进步的自然演化过程，而政府着眼于未来竞争的前瞻性部署和战略性安排则是加速其发展的重要动力。按照习近平总书记对厦门新时期发展的战略部署，厦门不断推动各类创新环境的改善和创新生态构建，科技创新具备政策环境优势和自然人文环境优势。

一是良好的政策和营商环境，为厦门科技创新保驾护航。作为经济特区和计划单列市，厦门享受一系列的开放政策，包括税收、贸易、投资等方面的优惠政策，在此基础上，政府出台了一系列的创新创业政策，积极打造国际化创新创业环境，培育创新创业人才和团队，为创新创业提供了良好的政策环境和支持。近年来，围绕党中央、国务院优化营商环境的部署，厦门市营商环境持续改善并走在国内前列，推出了 553 项创新举措，其中，126 项全国首创、30 项厦门经验在全国复制推广、5 个厦门样板入选全国自由贸易试验区“最佳实践案例”，良好的营商环境成为厦门吸引创新要素集聚、促进创新主体涌现的重要外部条件。

二是良好的创新创业环境，形成对创新主体集聚的巨大吸引力。依托金砖国家新工业革命伙伴关系创新基地、自由贸易试验区、福厦泉国家自主创新示范区、服务贸易创新发展试点、中国—金砖国家新时代科创孵化园等创新平台，厦门能够全面对接全球创新资源和网络，以创新驱动为引领，推动传统产业转型升级和新兴产业快速发展，已经在工业、科技、经贸等领域打造了一批标志性平台和旗舰型项目，具有一定的领先优势。此外，厦门市还设立了多个双创基地和众创空间，为企业提供了优质的创业空间和资源。

三是良好的投融资环境，吸引大量创新资本集聚厦门。厦门拥有优惠的投融资政策，并充分发挥财政政策、金融政策和资本市场优势，实现了资金要素向创新主体集聚。例如，厦门出台了一系列鼓励外商投资的政策，为外商投资提供了优质的投资环境和条件。作为福建省唯一入选“产融合作试点城市”的城市，厦门市在实施科技产业金融一体化试点、引导社会资本投早投小投硬科技方面也有政策支持。第一，充分运用“财政政策+金融工具”的方式，扩大中小微企业融资增信基金、技术创新基金等基金规模，通过财政贴息、信用担保等形式，支持企业进行技术改造、研发创新。第二，在信贷扶持方面，先后出台了一系列政策，鼓励辖区内金融机构通过单列信贷计划、专项考核激励等方式，加大对科技企业的金融支持力度。第三，出台《厦门市政府性融资担保实施办法》，鼓励政府性融资担保支持科技型企业发展。

四是优越的人居环境，成为厦门吸引创新人才的独特优势。厦门具有优越的地理位置和便捷的交通网络、得天独厚的自然环境和优美的生态环境，以及优质的生活配套设施，这些都为科技创新提供了良好的环境和条件。政策叠加、美丽宜居、社会文明，提升了厦门在吸引高能级研发机构、高水平科研人员、高质量创新企业方面的竞争力。

（四）独特的区位优势和国家的战略需要

厦门打造国家区域科技创新中心，不仅具有重要的经济使命，也具有重要的政治使命，尤其是在当前国家推动两岸融合发展示范区建设的总体安排下，特定的地理区域和国家的战略安排是厦门打造国家区域科技创新中心的独特优势。

一是厦门位于国家发展重大战略区域，是国家实施两岸融合发展的先行区。厦门地理位置优越，位于海峡两岸经济区中心位置，是两岸经贸合作的重要桥梁和纽带。独特的地理位置和政治地位决定了厦门的对外经贸往来十分便利，为企业提供了更加便捷的商业交流和合作机会，具有对外开放的有利条件。作为经济特区和台胞台企登陆第一家园“第一站”，厦门在推动两岸科技融合发展方面具有先行先试的体制机制优势，例如设立了大陆首个台企金融服务联盟、两岸金融产业合作联盟，设立了台商海峡两岸产业投资基金。厦门打造国家区域科技创新中心将对两岸科技合作起到重要支撑和推动作用。

二是厦门与金砖国家的合作优势，为厦门的开放创新创造了独特条件。独特的地理位置和政治地位决定了厦门在对外开放方面具有优势。依托金砖国家新工业革命伙伴关系创新基地、自由贸易试验区、福厦泉国家自主创新示范区等创新平台，厦门能够为企业提供便捷的商业交流和合作机会，全面对接全球创新资源和网络。

三是厦门在东南地区的独特优势，为厦门牵引区域协同创新创造了条件。从区域的角度看，厦漳泉都市圈具有较好的协同创新基础，厦门建设国家区域科技创新中心能够更好地整合都市圈各类创新平台与资源，发挥都市圈内部的创新网络效应，对于国家培育创新增长极、引领闽西南地区高质量发展具有战略意义。

三、厦门打造国家区域科技创新中心面临的问题与挑战

厦门打造国家区域科技创新中心面临一些现实的约束和困难，也面临一些外部的风险和挑战，这成为厦门在践行国家战略和打造两岸融合发展示范区、

实现自身高质量发展和构筑未来竞争新优势过程中需要予以重点关注的问题。

（一）创新资源投入有待进一步加大

一是总体创新投入和基础研究等有待进一步改善。2022 年，厦门全社会研发强度为 3.2%，超过了全国平均水平（2.55%），但与美国（3.457%，2021 年数据）、以色列（5.557%，2021 年数据）、日本（3.296%，2021 年数据）、韩国（4.930%，2021 年数据）① 等发达国家相比差距较大。尤其是作为创新发展先行区，厦门在前沿技术、未来技术创新和基础研究领域需进一步加大投入，2021 年厦门基础研究经费只有 10.0 亿元，仅占全社会 R&D 经费支出的 4.5%，创新驱动厦门经济社会高质量发展的效能有待进一步提升。从 15 个副省级城市（含 5 个计划单列市）的比较来看，厦门的研发强度和投入额也居于中游位置，且研发投入总量相对偏小，不足深圳的 1/7，有待进一步加强（见图 0-1）。另外，厦门科创金融支持新兴产业培育和创新型企业发展的实现方式有待进一步优化，“科技+金融”的双轮驱动效应未能得到有效发挥。

二是创新人才尤其是高端技术人才相对不足。厦门对高端人才尤其是集成电路、新能源、新材料等新兴产业人才的吸引力严重不足，高校毕业生留厦安厦潜力有待进一步挖掘。厦门虽然技能人才数量在中心城市中处于中等水平（排名第 9），但高技能人才严重不足，高技能人才数量为 20 万人，在 15 个中心城市中排名最末（见图 0-2），省内低于福州（25.3 万人）。另外，厦门在高校人才培养和供给方面也存在明显不足，虽然有一流学府厦门大学，但是高校数量 16 个（见图 0-2）、高校在校生数量 17.82 万人，在 15 个中心城市中分别排名第 13、第 14 位，省内低于福州和泉州。

① 资料来源：OECD 数据库，https：//data. oecd. org/rd/gross-domestic-spending-on-r-d. htm。

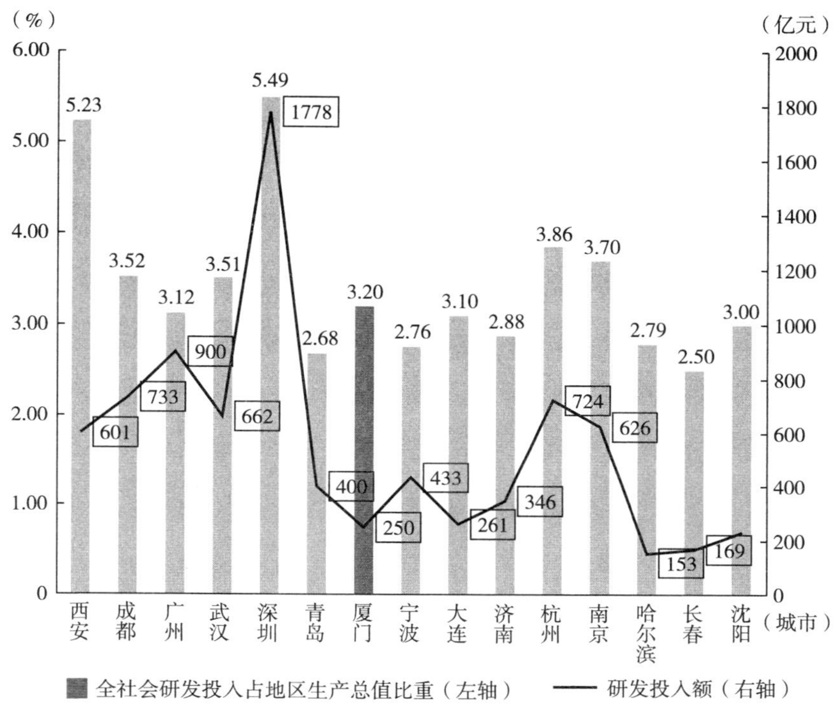

图 0-1　15 个中心城市的研发投入强度和投入额对比

资料来源：各城市历年国民经济和社会发展统计公报及公开数据。

三是创新载体的支撑能力有待进一步提升。厦门重大科技创新平台、新型研发机构、公共技术服务平台等创新载体数量不断增加。截至 2022 年底，厦门已有市级新型研发机构 10 家、省级新型研发机构 54 家，创新能力和产业带动能力不断增强，成为促进区域创新发展和高质量发展的重要载体。但是，厦门创新载体也面临功能定位不清晰、顶层设计不完善的现实问题，创新载体多而不强问题突出；体制机制有待进一步完善，尤其是市场化运行机制不足，面临运营绩效不高的现实困难；维持创新载体运营的人才不足问题严峻，难以支撑高层次创新载体的高质量运营。其中，尤以高能级创新平台

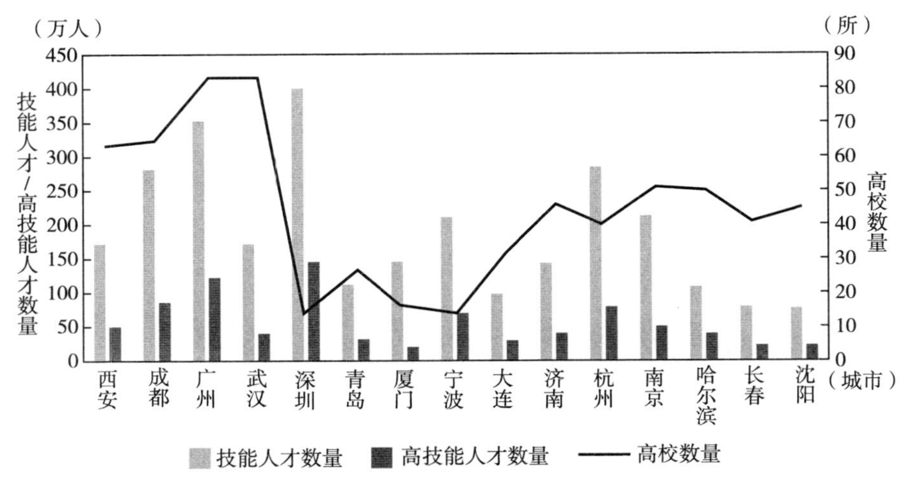

图 0–2　15 个中心城市的创新人才指标对比

建设不足问题最为突出。依托嘉庚创新实验室、翔安创新实验室和海洋（筹建）创新实验室三大创新平台以及海洋负排放（ONCE）国际大科学计划，厦门市高能级基础创新平台建设有序推进，成为支撑厦门未来立足前沿技术和未来产业发展的重要载体。但从总体来看，厦门目前还缺乏国家级的科技创新载体，与国内同等级城市和发达国家差距较大，例如全国重点实验室、国家重大科技基础设施等尚未布局；国家重点实验室也只有 5 家，与国内同等级的城市（南京、武汉、西安、广州分别为 31 家、30 家、24 家、21 家）相比差距较大。厦门在吸引全球高水平研究人员和开展前沿科技研发等方面的创新能力亟待提升。

（二）创新能力建设有待进一步加强

一是创新主体的创新能力有待进一步提升。在培育企业创新主体政策体系的支持下，厦门的创新主体尤其是企业主体数量快速增长，截至 2022

年底已有各类市场主体 84.67 万户，初步形成围绕主导产业发展的创新集群和链式主体。但从结构来看，其一是具备较强创新能力的企业数量少，大企业创新能力弱、创新投入不足，大而不强问题突出。例如，厦门仅有高新技术企业 3600 家（见图 0-3），与深圳、青岛、宁波和大连的 2.3 万家、6600 家、5337 家和 4100 家相去甚远，占城市存续企业总量的比例仅为 0.82%，也低于上述城市的 0.92%、0.85%、1.03%和 1.20%。其二是优质中小企业、高新技术企业数量偏少，驱动企业内生发展的动力不足，小而不专问题明显。厦门有国家专精特新"小巨人"企业 168 家（见图 0-3），高于省内的福州和泉州，但远低于深圳（1067 家）和宁波（352 家）。2021 年，中小型企业和大企业 R&D 经费支出分别为 102.84 亿元和 75.3 亿元，分别增长 21.4%和 7.73%，中小企业创新投入增速和占比远高于大企业。外资企业和跨国公司在厦门主要布局制造和商贸环节，具有高附加值的研发和设计环节在外，总体研发投入较低。从 2022 年（所属年度）厦门申报研发费用加计扣除的企业数量来看，仅有 5693 家，占厦门企业总数的 1.42%①。厦门产业布局较为分散，产业链完整度较低，龙头企业合作意识不强，尤其是缺乏有效的创新协作平台，企业间创新互动不足。总而言之，大中小企业之间、创新主体和需求方、创新载体和产业发展等之间的创新协同有待进一步强化。

二是创新应用转化效率低，高端创新资源成效释放不足。厦门高能级创新平台大多依托高校院所建设，侧重基础研究和前沿性研究，虽有成果转化、企业孵化的产业化导向，但受限于科研人员考核奖励制度、科技经理人团队、研发产业化方向与市场对接程度等因素，目前发挥出来的创新实效还不强，在成果落地、产业化以及与企业的需求对接等方面比较薄弱。厦门 2021 年技

① 以截至 2022 年底内资企业和外资企业及其分支机构 388767 户和 11747 户为基数计算得出。

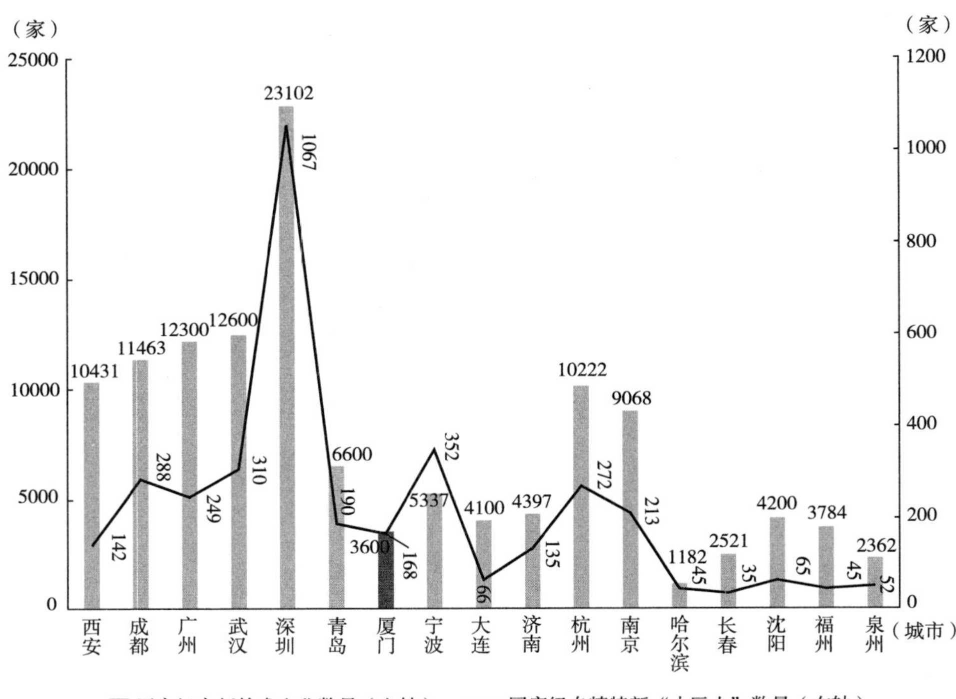

图 0-3　15 个中心城市的高新技术企业和“小巨人”企业数量对比

资料来源：各城市历年国民经济和社会发展统计公报及公开数据。

术合同成交额 99.38 亿元，远低于广州、西安、深圳、成都的 2413 亿元、2209 亿元、1576 亿元、1189 亿元。在《中国科技成果转化年度报告 2022（高等院校与科研院所篇）》中，厦门列入高校转化科技成果合同金额百强的高校院所仅厦门大学（第 51 位）、集美大学（第 86 位）两席，技术交易合同金额分别为 4.1 亿元、2.1 亿元，与浙江大学（26.9 亿元）、四川大学（16.8 亿元）、华中科技大学（15.1 亿元）、西安交通大学（12.7 亿元）等同类院校存在较大差距。另外，从现实调研情况来看，厦门的创新平台对企业转型升级尤其是数字化改造、全球化发展的支持能力不足，数字化解决方案、数字化服务平台、海外服务机构等发展相对滞后。

（三）产业结构动能有待进一步强化

厦门经济规模相对较小，腹地空间小且经济发展水平较低，在全国 15 个副省级城市中，厦门的 GDP 总量排名靠后，省内也远低于福州和泉州，这就导致了厦门的产业集聚效应不强，经济辐射范围有限，难以对周边地区形成显著的引领带动作用。厦门产业结构相对单一，主要以电子、机械等传统制造业为主，产品附加值偏低，处于价值链中低端，高新技术产业和其他战略性新兴产业的支撑不足，在产业链协同创新方面的支撑也不足。厦门产业链本地配套率较低。一方面，多数龙头企业都自带或在外地有稳定的配套厂商，造成与本地中小企业配套较少、协同不够；另一方面，本地科技型中小企业实力不强，也限制了其技术、产品融入龙头企业的供应链配套体系中，产业链配套能力不足。

一是在重要产业链上形成一定竞争力，但支撑产业关键环节的技术突破能力不足。围绕“4+4+6”现代化产业体系建设，厦门在做优做强电子信息、机械装备、商贸物流、金融服务 4 大支柱产业集群的基础上，计划培育壮大生物医药、新材料、新能源、文旅创意 4 个战略性新兴产业，前瞻布局第三代半导体、氢能与储能、基因与生物技术、未来网络、前沿战略材料、深海空天开发 6 个未来产业，战略性新兴产业和未来产业发展加速推进。但是，三类产业的创新能力和技术水平与产业发展的现实需要存在较大的差距：①电子信息、机械装备、商贸物流三大支柱产业属于制造、加工和贸易的低附加值环节，金融服务的总体创新水平不高，支柱产业的创新能力和创新水平明显低于全社会平均水平；②生物医药、新材料、新能源等依托创新主体具备一定的创新能力，但在全球范围内尚未形成独特优势，支撑战略性新兴产业获得领先优势的科技创新能力不足；③第三代半导体、氢能与储能、基因与生物技术、未来网络、前沿战略材料、深海空天开发等未来产业尽管有一些探索性部署，但用于支撑未来发展的基础研究、前沿技术和共性技术供给严重不足，对于产业发展的前沿领域深耕不足，对于“卡脖子”环节的突破有限，用于支持初创企业的风投资本发展滞后，进一步推动产业升级、提升产业链群竞争力的能力有待进一步强化。

二是科创产业集群初步形成，但对国家重要产业的支撑能力有限。近年来，厦门聚力打造厦门科学城、火炬高新区、海洋高新区、生物医药港四大科创“引擎”，建设一批具备国际水准的研发机构和大型科研基础设施。但是从厦门几大产业集群的发展来看，缺乏在全球和国内具有标志性地位的示范园区，4 大支柱产业和 4 个战略性新兴产业没有一个集群进入到工信部的国家先进制造业集群目录中，集群内具有原创性、引领性的创新产品和技术涌现不足，导致集群在支撑生物制药、海洋经济、新能源等国家重要产业方面的效能不高。

（四）创新生态体系有待进一步完善

一是缺乏有效的合作载体来共同推动两岸科教融合和产业融合。通过台湾科技企业育成中心、两岸青年创新创业基地等创新载体的集聚功能，厦门在支持台湾创业项目落地、促进两岸企业和高端人才对接交流等领域取得了一定的成效。例如，火炬高新区已累计引进台湾创业团队近 300 个，认定火炬两岸众创空间 8 家，拥有各级台青创业就业基地 8 家。但是，受近年来政治形势的影响，厦门作为两岸融合发展示范区的推进工作陷入困境，到台湾地区开办企业、两岸大学和科研机构的联合创新面临现实困难，缺乏有效的载体来承载两岸的科技创新合作。与此同时，台企在厦投资主要集中在加工和贸易环节，共建创新中心、联合实验室等的积极性不足，推动两岸融合发展的创新主体发展迟缓。

二是一些体制机制束缚了厦门的开放创新生态建设。厦漳泉及闽西南不同城市之间缺少以创新收益共创共享为核心的协同机制，导致不同城市之间存在重复投资和研发的情况。在与台湾的合作交流中，尤其是在科技合作方面，尚未形成长效机制，导致厦门对台合作方面呈现落后于国内其他城市（如北京、上海、深圳、东莞、昆山等）的趋势。其中，两岸在知识产权保护、技术转移等方面面临法律法规、标准的不一致，政治和外交也是两岸科技合作中不可回避的敏感问题，人才交流和技术合作还存在程序复杂的现实困难。厦门企业在国际合作中面临着一些实际的挑战，包括特定技术领域的技术标准和认证体系的不一致性、文化和管理习惯的差异、法律法规的复杂性，以及知识产权保护的问题。

三是创新开放度不断改善，但嵌入区域的深度和广度有待进一步强化。利用自身的区位优势，厦门不断强化自身在厦漳泉、两岸地区的创新开放度，也通过主动融入共建“一带一路”倡议、RCEP 以及金砖国家，初步确立了在区域中的科技创新中心地位。但是，厦门受体制机制以及自身发展水平的制约，创新要素在全球和国内的开放水平有待进一步提升，深度融入台湾地区、建设离岸创新平台有待进一步推进，厦漳泉的科技创新协同机制有待进一步完善，厦门嵌入京津冀、长三角、珠三角等地的创新资源效能有待进一步提高，高能级平台合作有待进一步加强、开放度有待进一步提升。

四、厦门打造国家区域科技创新中心的战略思路

（一）总体思路和原则

1. 总体思路

围绕2027年基本形成国家区域科技创新中心的战略目标，发挥厦门在产业、教育、科技、人才方面的优势，坚持面向世界科技前沿、面向经济主战场、面向国家重大需求、面向人民生命健康、面向东南地区和两岸地区融合发展的"五个面向"，坚持战略引领和需求导向相结合、有效市场和有为政府相结合、共建共享与自立自强相结合、机制创新与安全发展相结合的"四个结合"原则，以加快实现高水平科技自立自强为根本，以支撑高质量发展为主线，以服务区域产业发展和提升区域竞争力为重要内容，以促进两岸融合发展为特色，以深化改革为动力，推动厦门高质量建设面向东南地区和两岸地区的科学研究高地、要素集聚高地、产业创新高地和制度创新高地"四大高地"，明确主体培育、要素集聚、载体建设、生态构建"四大战略任务"，有力支撑科技强国和中国式现代化建设（见图0–4）。

2. 建设原则

一是坚持战略引领和需求导向相结合。牢牢把握当前科学发展的前沿趋势，强化国家区域科技创新中心的基础研究功能，构筑厦门支持国家未来发展的创新优势，支撑国家科技自立自强。面向东南地区和两岸地区融合发展重大区域战略，关注战略性新兴产业和未来产业发展的重点领域技术创新需

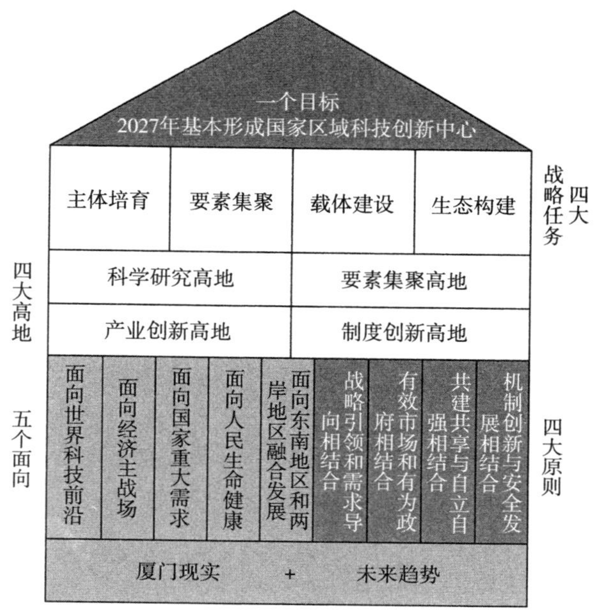

图 0-4　厦门打造国家区域科技创新中心的“15444”战略思路

求，加强顶层设计和主动引导，形成技术创新持续供给能力支撑厦门区域竞争力提升。着眼厦门经济社会发展的现实问题，充分发挥科技创新中心的问题解决功能，满足厦门经济社会高质量发展的现实需要。

二是坚持有效市场和有为政府相结合。以建立企业为主体、市场为导向、产学研深度融合的技术创新体系为目标，充分发挥企业在技术创新决策、研发投入、科研组织和成果转化中的主体作用，牵头形成产学研用协同创新生态，加强创新成果的对外扩散，充分发挥社会效益，强化对国家和行业发展的重要支撑作用。充分发挥政府在公共服务提供、公平环境建设和创新资源供给方面的功能，形成政府和市场协同支撑的国家区域科技创新中心建设力量。

三是坚持共建共享与自立自强相结合。建立以面向东南地区和两岸地区为核心，连接京津冀、长三角、珠三角的技术、人才、基地、项目合作交流机制，激活存量资源，做优做大增量资源，推动创新资源开放共享，连接跨行业、跨学科、跨领域的技术创新力量，形成面向全球开放协同的创新网络。要更好地发挥厦台合作优势，在更高水平上推动两岸创新资源集聚和人才高地建设，形成高端科创人才的集聚效应。提升创新载体能级，进一步提升自主创新能力，全力攻克“卡脖子”技术难关，抢占更多高新技术制高点和话语权，努力支撑国家关键核心技术自主可控。

四是坚持机制创新与安全发展相结合。强化技术创新与体制机制创新相结合，健全科技评价体系和激励机制，优化成果转化、人才激励等政策措施，探索人才飞地、异地办学等体制机制，在运营管理、研发投入、人才集聚等方面改革创新，构建风险共担、收益共享、多元主体的协同创新共同体。推进创新链、产业链、资金链和人才链深度融合，不断提高科技成果转化和产业化水平。统筹好科技发展和科技安全的关系，坚持以总体国家安全观为指导，提高对科技安全的认识，保障国家重点领域核心技术自主可控，维护国家核心利益和安全不受外部科技优势危害，保障持续安全状态。

（二）主要目标

到 2027 年，厦门全社会研发经费支出占地区生产总值比重在 3.5%以上，厦门国家区域科技创新中心基本建成，并建成面向东南地区和两岸地区的科学研究高地、要素集聚高地、产业创新高地和制度创新高地“四大高地”。

一是区域科学研究高地建设取得重要成效。提升嘉庚创新实验室和翔安创新实验室平台能级，建成海洋创新实验室，争取建成 1~2 家全国实验室或基地。推动建设智慧储能、空天海尖端装备等大型科研基础设施。加速推进以厦门大学为核心打造世界一流大学和建设一流学科，“海洋负排放”（ONCE）国际大科学计划取得实效。联合台湾地区高水平大学和研发机构共建 3~5 家高水平实验室，探索两岸共建高水平大学并落地厦门。建设国家基础研究中心、前沿科学中心和未来技术研究院，鼓励联合科技领军企业共建产业技术研究院，探索“学科+产业”新型创新模式。在生物科学、基础材料、能源科学、海洋技术、微电子等领域组建和集聚一大批创新团队，引进和培育战略科学家、一流科技领军人才和创新团队，在相关领域的科学命题和科学发现上取得重大突破。由科技领军企业牵头的创新联合体有效解决一系列关键核心技术问题，支持实施1000项科技攻关项目，初步实现高水平科技自立自强。厦门全社会研发经费支出占地区生产总值比重保持在3.5%左右，基础研究经费占研发经费比重达7%以上（2022年是4.5%）。每万人研发人员数量达到180人以上（2021年是8.83万研究人员，按照528万人口计算，约为167人）（具体目标和测度方式见附表）。

二是区域创新要素集聚高地基本形成。打造东南沿海区域科技创新中心核心区和两岸融合发展示范区，实现科技体制改革的先行先试和全面深化，制度型开放走在全国前列，市场化、法治化、国际化的营商环境充满活力。拓展城市科创空间，加速城市更新中的科技化和人文化，打造创新街区、城市“硅巷”“无边界科创园”和创业社区，致力于建设“科技之城”。人才、技术、资本和数据等创新要素流动更加顺畅，区域化和国际化资源配置能力显著增强。“创新飞地”建设实现机制上的突破并打造5~10个示范项目，打造生物医药和海洋特色科学小镇（港），科技创新的两岸融合取得实质性效果，加快建设海峡两岸集成电路产业合作试验区、厦门两岸数字经济融合发展示范区。与金砖国家、RCEP成员国、共建“一带一路”国家和地区的创新要素交流和产业合作实现全方位突破，推动离岸孵化器、离岸研发中心等创新平台高水平建设，通过“海外孵化—国内加速”“海外研发—国内转化”等方式，加强与国际创新产业高地联动发展。

三是区域产业创新高地建设取得明显进展。以厦门科学城、火炬高新区、海洋高新区、生物医药港四大科创“引擎”为基地，以嘉庚创新实验室和翔安创新实验室等高能级创新平台为动力，加速科技与产业的融合发展。加快推进科技创新创业配套服务平台和载体建设以及体制机制创新，布局一批科技成果转化、公共技术服务、小试中试、创业孵化等功能型平台以及共享车间，推动可靠性实验室、转化医学研究促进中心、全国新技术新产品交易评估中心等建设落地。培育形成1~2家具有全球影响力的科技领军企业和“独角兽”企业，新培育200家国家级“小巨人”企业和2000家专精特新中小企业（前五批有168家国家级“小巨人”企业和1743家专精特新企业），高新技术企业突破5000家（现有3607家）。高技术产业增加值当年超过2000亿元，数字经济规模达到6000亿元（2022年为4790亿元），技术合同成交额超过140亿元（2021年为99.38亿元）。

四是区域科技制度创新高地取得新突破。试点引进台湾地区一流高等学校开展技术类基础研究，支持企业与高校科研院所共建联合实验室或新型研发机构。完善两岸科技合作机制，支持两地共同实施重大科技项目。创新金融改革开放，完善厦门两岸股权交易中心“台资板”功能，探索与全国中小企业股权转让系统实现市场间衔接联动的有效路径。加快完善数据要素市场规则，探索安全规范的数据跨境流动监管措施。深化土地、劳动力等要素配置市场化改革，深化户籍制度改革，推动居住证和身份证功能的有效衔接，健全非户籍人口基本公共服务提供机制。探索建立便利化的境外人才执业制度，完善科技类人才评价机制，为厦门打造区域科技创新中心注入人才活力。深化产业链供应链开放合作，尤其是结合厦门未来产业发展目标和台湾地区产业优势领域，聚焦人工智能、宽禁带半导体、前沿战略材料、氢能与储能、基因与生物技术等领域，支持两岸共同组建市场化运作的产业合作平台，深化两岸在集成电路、新型显示、生物医药、海洋碳汇等领域合作，在医疗健康领域、海洋科技领域先行先试。支持探索优化台资企业登记注册程序，支持台资企业转型升级尤其是数字化转型，鼓励其作为战略投资者参与国企混改。探索建立企业家培育学院，吸引世界各地企业家来厦门交流合作，激发厦门的企业家精神。

（三）战略任务

围绕建成面向东南地区和两岸地区的科学研究高地、要素集聚高地、产业创新高地和制度创新高地的总体发展目标，厦门需要进一步强化战略安排，从主体培育、要素集聚、载体建设、生态构建四个方面完成“四大战略任务”。

1. 强化融通创新，加速各类企业主体培育

一是立足优势，完善厦门特色产业体系吸引市场主体集聚。厦门企业创新主体培育的重要战略就是要推动产业结构优化，促进厦门工业尤其是制造业发展，提供企业创新主体培育和发展的沃土。综合考虑厦门产业存在的问题、新一轮产业变革方向和新型工业化战略部署，厦门一方面要依托商贸物流产业优势，推动生产性服务业向制造环节延伸，壮大制造业规模、提升制造业能级；另一方面要依托金融服务产业优势，打造新兴技术产业和未来产业发展高地。

二是引育并举，着力提升厦门龙头企业数量和创新能级。厦门建设区域科技创新中心、打造具有区域竞争力的产业创新生态，首先要引育并重，高效推动龙头企业数量提升；其次要精准施策，促进龙头企业内涵式成长，提升龙头企业创新能力。

三是三管齐下，推动厦门中小企业成为创新生态主力。建议厦门从降低企业成本、扩大市场空间、强化公共服务支撑三个方面三管齐下，构建支撑中小企业创新发展的全方位政策体系。

四是独辟蹊径，打造外地衍生企业创业高地。建议厦门充分挖掘自身优势，提供衍生企业所需的全生命周期政策条件，打造外地衍生企业创业高地。

五是做实机制，打造大中小企业融通创新示范区。厦门要在深入分析大中小企业融通创新的具体形式、创新合作模式、创新内在机制等问题的基础上，根据大中小企业融通创新的差异化形式和合作要求，构建支持大中小企业融通创新的针对性政策措施，打造大中小企业融通创新示范区。

2. 深化战略引领，推动创新要素高效集聚

一是实施人才强市战略。牢固确立人才引领发展的战略地位，加大人才引进力度，进一步加强人才培育，持续优化人才发展生态环境，构建覆盖顶尖人才、领军人才、骨干型人才、基础人才、柔性人才的多层次创新人才梯队，增加人才的宽度、高度和厚度，激发人才活力，全面打造区域科技创新中心的人才高地。加大人才吸引力度，集聚世界一流科技创新人才、强化重点产业领域科技人才支撑、加大对优秀青年科技人才扶持力度、加强对台湾人才引进的支持力度。加强人才培育，大力培育拔尖创新人才、加强专业技能人才培养。营造良好人才发展环境，赋予人才更大自主权、畅通科技人才渠道、提升人才服务水平。

二是实施金融活水战略。充分发挥资金要素对科技创新的支撑作用，建立以财政科技投入为引导、社会投入为主体、多层次资本市场为支撑，覆盖科技创新全过程以及企业成长全周期的资金支持和保障体系，为区域科技创新中心建设提供强有力的金融支持。加强财政科技投入保障，加大财政资金投入力度，重点支持建设省创新实验室等高能级创新平台及“卡脖子”技术攻关、前沿技术研发等重大项目。创新金融科技产品供给，优化科技信用贷款等科技金融服务体系，引导银行等为科创企业提供多样化、低成本信贷融资产品。打造多层次资本市场，以建设两岸区域金融中心为契机，加大创新

创业资本的多渠道供给。

三是实施技术引领战略。不断优化技术资源配置方式，着力破解科技成果转化的体制机制“瓶颈”，进一步推进技术要素市场化配置，提升科技成果转化活跃度与技术交易质量，增强科技创新供给能力，为区域科技创新中心建设提供更多核心动能。深化科技管理改革，建立适应不同类型科研活动特点的管理体制和运行机制。推进科研院所体制机制创新，扩大高校院所、医疗卫生机构、创新实验室等科研单位在科研活动中的选人用人、科研立项、经费使用、成果处置及其收益分配、职称评聘、设备采购等方面自主权。提升技术要素市场化配置能力，支持高校院所建立技术转移专职机构，加速挖掘和释放科技成果转化价值。

四是实施数据融通战略。进一步发挥数据生产要素作用，深化数据资源开发共享，加快培育数据要素市场，激活数据要素价值，做强做优做大数字经济，促使数据要素成为推动经济高质量发展的新动能。加快建设数据资源体系，加强数据汇聚共享和开放开发，强化统筹授权使用和管理，推进互联互通，打破“数据孤岛”。打造具有厦门特色的区域数据要素交易中心，充分利用自由贸易试验区、自主创新示范区、海丝核心区等多区叠加优势以及对台优势，把厦门建设成为全国“金砖”、“海丝”、对台等特色数据要素的重要交易中心。大力培育数据要素流通和交易服务生态，围绕促进数据要素合规高效、安全有序流通和交易需要，培育一批数据商和第三方专业数据服务机构。

五是实施标准支撑战略。加快建设支撑区域科技创新中心推进高质量发展的标准体系，鼓励和支持产学研加快关键技术领域标准的攻关与研制。以科技创新提升标准水平，将标准作为关键共性技术和应用类科技计划项目的重要产出，在科技资源方面加大对标准研制的支持力度，及时将先进适用的科技创新成果融入标准。健全科技成果转化为标准的机制，推进研发设计、科技成果咨询评估、技术转移等的标准化工作，研制科技成果技术成熟度评价等标准，提升覆盖“众创空间—孵化器—加速器—产业园”全链条科技服务标准化水平。实施标准必要专利制度，鼓励企业加强标准必要专利申请，推动有知识产权的创新技术转化为标准，加强标准制定过程中的知识产权保护。将标准研制融入关键共性技术创新平台建设，缩短新技术、新工艺、新材料、新方法标准研制周期。

3. 立足未来发展，强化创新载体能力建设

一是聚焦主导产业建设创新载体。坚持产业需求导向，紧紧围绕集成电路、新型显示、人工智能、工业机器人等主导产业，集中优势创新资源，打造一批高水平的创新载体。增强主导产业共性技术供给能力，依托高能级创新载体进行产业共性技术研发，从而促进厦门主导产业和产业链向中高端迈进。加强关键核心技术攻关，加快原始创新突破，加速成果转化与企业孵化，通过合适的创新载体强化创新链产业链融合发展。

二是着眼未来优势布局创新载体。立足战略性新兴产业发展需要，以创新导向的市场需求牵引战略性新兴产业成熟壮大，促进科技成果转移转化。立足未来产业发展需要，进一步强化创新实验室、新型研发机构等创新载体的基础研究水平，从而促进厦门未来产业发展。围绕高水平大学和科研机构建设创新载体，促进创新载体集聚，服务产业发展，增强创新载体孵化能力，打造优势产业。

三是围绕全球合作强化载体开放。推进高水平制度型开放，汇聚各方资源尤其是两岸创新资源协同合作，构建开放创新生态。创新载体建设模式，构建开放式创新载体，多模式构建全球创新生态系统。完善科技创新服务体系，构建全方位、全链条、高质量的科技创新服务体系，提升创新载体的全球位势。

4. 激发创新生态，打造韧性强的创新生态

一是提升创新生态系统活力。加大创新投入，进一步加强科技型企业建

设；提高创新产出效率，提升创新产出水平和产品创新附加值；提高创新协同程度，充分发挥龙头企业带动作用，围绕自身产业链，以资金、技术带动上下游关联企业协同创新发展。

二是优化创新生态系统结构。继续提高创新主体多样性，提升创新主体之间的合作程度；提高创新人才多样性，并不断提升创新人才的流动与连接程度；继续提高创新资源多样性，不断提升创新资源的流动与连接程度。

三是增强创新生态系统韧性。优化创新生态系统的安全性，打造金砖创新基地政策与知识分享平台，推动成立金砖国家信息技术标准化技术协会等专业组织；增强创新生态系统的保障性，建设有效支撑国际科技合作和产业链区域协同高效发展的现代供应链格局，推进国家区域性医疗中心建设，进一步整合教育资源；提高创新生态系统的开放性，加速生成一批高能级合作示范项目，建立金砖国家新工业革命领域合作发展项目库，推动产业和商贸的国际合作。

五、厦门打造国家区域科技创新中心的政策建议

（一）优化环境，推动创新主体能力提升

1. 实施厦门创新主体“量质并提”专项行动计划

一是推动科技企业与业内龙头企业（尤其是在厦门设有分公司的龙头企业）、高校、科研院所的合作和对接，有针对性地提供“一对一”帮扶，将优势资源向优势企业、骨干企业倾斜；通过“双招双引”、集群配套合作、

资源和技术开发等多种手段，发展壮大一批科技型、专业型、配套型企业。二是针对有意向在各类资本市场上市和挂牌的本土“种子企业”，搭建融资对接服务平台，并积极拓宽融资服务生态链，形成上市一批、辅导一批、储备一批的动态创新资源循环。三是以开放心态鼓励本土企业“走出去”。鼓励厦门本土企业以及省内企业在厦门设立高能级的研发中心，依托泉州、漳州、龙岩等周边城市的工业基础设立生产基地，探索以厦门为科技创新中心、以周边城市为先进制造基地的融合发展。四是给中小企业提供生存环境和空间，允许其自然发展演化，通过自由竞争、优胜劣汰，最终培育出有创新能力的“小巨人”企业、“独角兽”企业。

2. 谋划实施原始创新和关键核心技术突破工程

一是加快研究出台《厦门基础研究高质量发展规划》，强化对基础研究的顶层规划部署。二是加大对企业基础研究的支持，通过基础研究加计扣除、基础研究补贴、政府与企业建立基础研究联合基金等方式，引导龙头企业加大基础研究投入。三是依托电子信息、机械装备等领先优势，发挥龙头企业带动作用，打造细分产业领域基础研究创造中心。

3. 加快数字化转型和推动数字服务业高质量发展

利用数字化转型战略契机，一方面加快推动企业数字化转型，以数字化赋能创新能力提升；另一方面加快推动数字化解决方案供应商建设，推动数字化方案新业态发展。一是推动厦门行业协会、龙头企业牵头建立中小企业数字化转型联盟以及云服务协同创新平台，强化中小企业、云服务提供商以及其他产业主体的互动交流和协同创新。二是依托厦门中小企业公共服务平台，聚集数字化解决方案供应商、云服务企业等主体组建中小企业数字化转型诊断指导小组，为中小企业数字化转型提供专业化诊断和个性化转型方案设计。三是推动厦门实施工业互联网平台和云化软件“双培工程”，加快培育基于细分行业的工业互联网平台、低代码开发平台，扶持满足中小企业个性化需求的工厂运营、企业管理等云化软件。

4. 全方位打造适应衍生企业发展的城市环境和产业环境

一是以创新街区建设为抓手，打造适应衍生企业发展的优质生活、工作环境，从住房供给、教育配套、交通设施、商业中心、全民健身等方面入手，优化厦门科学城等城市功能配套建设。二是提供满足衍生企业创业者需求的人才环境。由组织部、人社厅牵头，会同编制委员会办公室、教育厅、科技厅、公安厅、财政厅、住建厅、交通厅、文旅厅、民族事务委员会等相关部门，联合制定“厦门人才服务绿色通道”，为来厦人才发放“厦门人才卡”，提供全方位的人才服务。三是构建满足衍生企业创业需求的公共服务体系。

（二）聚焦重点，吸引创新要素聚链成群

1. 大力引进优质高等教育资源

针对厦门面临的优质高等教育资源稀缺、高能级平台不足、高层次科技人才匮乏的发展“瓶颈”，要利用厦门两岸融合发展综改试点方案的机会窗口，大力引进优质高等教育资源，通过建设高水平大学分校、研究院、研究生院、二级学院、技术转移中心等机构以及加强中外合作办学力度，提升厦门创新活力和人才聚集能力，打造厦门创新驱动发展核心增长极。一是加强战略规划引领。厦门市应尽快出台专项战略规划，将其作为综改方案内容向中央要政策，明确引进境内外优质高等教育资源的目标定位、发展规模、综合实力以及学科建设水平等。二是注重引进方式的合理性。厦门市应根据合作对象的不同需求和层次特点，并基于自身的发展基础以及战略规划布局，采取有针对性的、灵活多样的引进及共建合作方式。在具体实践过程中，可以借鉴珠海和深圳引进优质高等教育资源的发展路径，即“研究院—研究生

院—分校区”。三是强化引进学科专业与产业发展需求的有效对接。立足厦门战略性新兴产业和未来产业发展需求，统筹引进高等教育机构和优势学科专业，促进科教融合，助力厦门打造国家区域科技创新中心。四是加大政策支持力度。厦门市应加大财政资金和办学用地等支持力度，更好地吸引优质高等教育资源来厦办学。

2. 充分利用创新飞地模式促进创新要素集聚

在厦门创新资源紧缺、科技竞争力不足的背景下，创新飞地模式能够借助飞入地在人才、技术、资金等方面的优势，实现创新资源空间上的高效配置，成为推动厦门创新要素集聚的重要手段之一。一是出台专项发展规划，促进创新飞地建设。尽快出台相应的创新飞地专项发展规划，强化与飞入地在基础设施、产业发展、科技创新、市场统一、制度安排等领域的互联互通、共建共享，以规划引领飞地建设。二是加强城市合作，破解飞地建设利益共享难题。厦门市需要与飞入地政府在跨区域经济核算、财税分成、土地资源统筹等方面加强沟通与协作。三是借力国际创新飞地，加快嵌入全球创新网络。通过在中国港澳地区以及新加坡、德国等共建“一带一路”国家布局一批离岸研发中心、孵化器、实验室，形成全球创新网络体系。

3. 积极打造数据要素产业集聚区

按照立足厦门、辐射东南、服务全国、链接全球的总体思路，积极畅通数据要素市场化流通渠道，创新数据要素开发利用机制，培育数据要素服务领军企业，构建数据要素前沿应用场景，完善数字信任生态体系，打造具备强大数据策源能力、资源配置功能、行业赋能效应的数据要素产业集聚区。一是布局“一港三园一平台”数据要素产业集聚区。“一港”即探索建立厦门国际数据枢纽港，“三园”即依托软件园一二三期打造数据要素产业集聚区，“一平台”则为特色数据交易平台。二是打造数据要素产业创新高地。

围绕科技创新等重点方向，推动实施“+数据”战略，积极引导企业增强数据归集、数据治理、数据运营及数据服务能力，打造强劲活跃的数据要素产业集群。三是培育数据链条多元主体。围绕数据要素供给、流通及应用等关键环节，发挥链主型企业牵引带动作用，打造数据要素创新企业群落。四是打造数字信任试验区。聚焦可信数据流通平台建设、可信数据技术体系完善和可信数据标准研制，加快营造高效率、可信赖的数据可信流通环境，打造全国领先的数字信任试验区。

（三）做强平台，强化创新载体支撑能力

1. 聚焦载体能力建设，争创国家级重大创新平台

一是在市委、市政府的领导下，建立分级分类的创新载体。重点支持省创新实验室、尖端研发机构加大基础研究力度，强化创新载体的创新能力。围绕厦门产业链供应链打造特色新型研发机构，鼓励其开展应用型研究，促进基础研究成果的转移转化。二是加强市、区协作联动，综合推进创新载体建设。市委、市政府需要引导各区的新型研发机构健康有序发展，在结合本地区高校、科研院所科技创新能力和地区产业特色的基础上建设创新载体，避免出现无序竞争、过度扩张、“圈地圈钱”等问题。三是争创国家级重大创新平台，打造厦门高水平科技创新的尖端载体。厦门应对符合国家规划布局领域的省创新实验室或基地采取“一事一议”方式，全面落实经费、土地、人才等要素保障，争取建成1~2家国家实验室或基地。聚焦国家战略并结合厦门实际部署重大科技基础设施建设，适时建设大科学装置，力争在引领性原创成果方面取得突破。

2. 深化体制机制改革，激发创新载体活力

一是探索建立“财政资金+竞争性项目+自我造血+社会资本”的多元化

经费来源机制。在创新载体建立初期，政府多给予财政资金和项目支持，在创新载体成长期和发展期则更多地靠市场自筹资金，充分利用社会资本这一经费来源渠道。二是加强跨领域跨系统协同合作，优化运营机制。深化组织实践和机制创新，强化市场和产业需求导向，探索符合厦门实际又切实可行的多方协同创新载体共建模式，形成科技体制改革的示范效应。三是加强分级分类评价与考核管理，促进创新载体有序发展。按照不同性质科技创新活动的特点和规律，结合不同创新载体在创新体系中的功能定位，建立科学合理的分级分类评价体系，实行差异化绩效考核评价。

3. 围绕创新载体集聚人才，加速创新效能提升

一是改革人才引进政策，加强对国际前沿产业技术和科研人才团队的引进。聚焦厦门主导产业和未来产业，以国家级平台持续吸引和汇聚世界顶尖人才、创新团队支撑厦门建设新发展格局节点城市、打造国家区域科技创新中心。二是积极推动科教融合、科教合作，培养创新人才。高校院所与重大科技创新平台、尖端新型研发机构建立“互聘互认”机制试点，将“兼聘兼薪”工作成果认定为兼聘人员在原单位的科研贡献，纳入高校对个人职称评价、绩效考核，解决“双聘”科技人才的子女教育、就医社保等现实问题。三是建立更加灵活的人才管理机制，激发创新活力。建议相关创新载体建立具有国际竞争力的薪酬制度和绩效评价制度，增进创新载体对掌握先进技术的高层次人才的吸引力。

（四）深度融通，完善创新发展网络生态

1. 加强顶层规划设计，着力形成具有多层次空间布局的开放创新生态系统

一是由未来产业以及战略性新兴产业发展需求牵引开放式创新生态系统

建设。加强当地高校在成果落地、产业化等方面与企业需求对接的深度与广度，同时加强产业链上下游企业协同创新程度，在财政政策、投资政策等方面鼓励龙头企业在本地建立配套设施。二是由闽西南协同发展办公室建立定期推进制度，进一步围绕三地功能定位、产业分工，梳理不同产业领域创新生态系统的空间范围以及辐射产业。三是围绕创新生态系统构建的实际需求形成厦漳泉及闽西南不同城市之间的沟通与合作框架，尤其是在创新要素与资源的流动方面。四是优化公共服务共享体系及平台，如建设厦漳泉产业人才大数据平台，形成人才要素共建共享互补流动机制，完善大型科研基础设施建设运营和开放共享机制。

2. 聚焦两岸深度融合，构筑厦台科技创新与产业协同融合发展新模式

一是率先开展厦金全面融合探索实践，建设两岸共同产业生态圈、共同市场、共同家园，支持台湾同胞共享大陆发展机遇，打造两岸融合发展示范区、台企台胞登陆第一家园“第一站”。在科技创新方面，应进一步梳理厦金能够形成优势互补布局的重点科技领域以及关键产业和技术环节，积极探索厦金创新交流与科技合作的可能模式。二是打造两岸参与国际竞争与合作的共同市场，高水平建设台商投资区、海峡两岸集成电路产业合作试验区、两岸区域性金融服务中心、两岸新兴产业和现代服务业合作示范区等重大涉台园区。深化厦台电子信息、机械装备、现代农业等优势产业对接，加强集成电路、生物医药、海洋经济等新兴产业合作。三是持续优化两岸创新创业基地建设，充分发挥海峡两岸青年就业创业基地（示范点）的引领作用。既要推动厦门人才政策对台湾高端领军人才、专业人才、创业青年、毕业生等不同层次人才力量的全覆盖，又要完善厦门市、区两级台胞台企金融服务站体系，加大“闽西南科技板”引导基金、海峡两岸台商基金等金融支持体系对台湾来厦企业的扶持力度。四是形成以厦门为核心，整合厦漳泉都市圈其

他城市特色优势的对台科技交流新格局，如厦门作为现代都市对台湾同胞的经济吸引力、泉州和漳州作为闽南文化发源地对台湾同胞的文化吸引力，加快推动海峡两岸特色产业园的建设，如集成电路产业合作试验区、数字经济融合发展示范区。

3. 坚持科技创新优先，加快推进在厦台资企业创新驱动高质量发展

一是深入落实台资企业同等政策待遇，优化对台资企业的精准帮扶，确保在厦台企能够享受到政策带来的红利。推动台资企业实施技术改造、技术创新、产品升级和品牌提升，加快数字化、精细化、柔性化改造进程，从而使其更加符合新发展理念。二是鼓励台资企业加大研发投入，鼓励台资企业参与各种工程研究中心、企业技术中心和工业设计中心的建设，与本地企业加强技术合作和交流。通过消化吸收再创新和集成创新，台资企业可以研发新产品、开发新工艺，从而加快技术成果的落地转化。三是支持台资企业在工业互联网和5G领域进行探索和拓展。通过引导台资企业发展服务型制造，培育大规模个性化定制、全生命周期管理、远程运行维护等服务，带动价值链向中高端攀升。四是营造支持台资企业转型升级和创新创业的良好氛围，积极推动台资企业转型升级，支持其融入厦门现代化产业体系建设和发展。

4. 拓展国际合作纵深，以金砖创新基地建设扩展创新生态系统边界

一是推进金砖国家科技创新孵化中心建设，梳理厦门与金砖国家合作方向、内容以及运行思路，制定孵化中心运营方案。加快金砖国家技术标准及知识产权互认。全力办好金砖国家新工业革命伙伴关系论坛、工业创新大赛、新工业革命展览会等高规格活动。二是支持有实力的龙头企业和新型研发机构建设离岸孵化器、离岸研发中心等创新平台，通过“海外孵化—国内加速”“海外研发—国内转化”等方式，加强与国际创新产业高地联动发展。三是鼓励厦门当地大学与世界知名大学以及一流科研机构开展实质性合作，

以金砖创新基地建设重点任务为牵引，围绕厦门重点布局发展的前沿技术，拓展科研合作以及人才培养。四是加快完善出台金砖创新基地人才选聘及管理办法，持续深化外籍人才服务管理改革，通过“制度引才、机构聚才”，加快基地国际化进程，吸引和集聚全球优秀人才参与厦门的创新生态建设，为开放创新提供强有力的人才保障。

5. 坚持人才引领驱动，不断优化国内外高层次人才集聚的政策保障体系

一是针对厦门高水平科研院所缺乏、科技创新人才聚集度不高等问题，同时受制于教育部异地办学禁令，建议引入世界知名大学来厦门办学，可参考上海纽约大学、宁波诺丁汉大学、西交利物浦大学、昆山杜克大学等国际名校来华合作办学模式。二是针对国际科技交流深度、广度有待加强等问题，建议开设外国专家在厦短期工作项目，尤其是金砖创新基地国家的专家，针对重点科研项目成立联合攻关团队，开展实质性合作，鼓励厦门当地大学与世界一流高校（包括台湾地区高校）开展暑期学校、短期访问等人才联合培养项目，提升科技人才自主培养的国际化视野。三是坚持问题导向，优化高层次人才编制池。尽管编制池从形式上无法核拨到厦门大学，但可由厦门市人才工作领导小组牵头，各成员单位分工合作，在家属落户、配偶安置、子女入学、医疗保健、养老保险、居留和出入境申请等方面参照厦门大学教师编制赋予“高层次人才编制池”对等甚至更优的保障和支持，提升对高层次人才的吸引力。四是跟踪解决当前省市各级各部门各单位高层次人才引进与发展新政策落实不到位的情况，如政府应从顶层设计的角度与教育部门、人社局、税务局等相关单位就高层次人才的子女教育、安家补助方面给予支持。

子报告1：厦门打造国家区域科技创新中心的能力研究

国家区域科技创新中心是国家区域创新布局的重要载体，是国家创新资源的集中承载地，能够对国家或区域重点产业领域技术创新发挥战略支撑引领作用，在吸引创新要素集聚、激发创新动能、加速创新产出、繁荣创新生态、打造区域竞争优势、实现科技自立自强和助推高质量发展方面具有重要作用。厦门位于国家重大战略区域，创新发展基础较好、产业体系特色明显、创新创业环境优良，在政治地位和体制机制、区域科技创新引领能力、产业高质量发展、科技创新要素集聚等方面具有打造区域科技创新中心的基础和优势，同时也面临产业集聚效应不明显、科技创新策源力不强、创新应用转化效率低、人才“引育留”存在短板等方面的挑战。厦门打造国家区域科技创新中心，是要在国家层面，通过创新资源的空间配置和创新政策的突破来打造能带动区域经济转型升级的科技创新高地和创新增长极。

一、国家区域科技创新中心的内涵与功能

知识化与全球化两大趋势正在重塑世界城市功能，重构全球科技和经济版图，加速全球创新网络新格局的形成。建设不同级别、不同类型的科技创新中心，正日益成为许多国家和地区提升综合实力和应对新一轮科技革命的重大战略。以科技创新中心布局引领重大区域战略深入实施，对于支撑国家科技自立自强、构建新发展格局和促进区域协调发展具有重要意义。然而，国内外尚未对科技创新中心的概念达成共识，因此有必要对国家区域科技创新中心的内涵、主要功能以及建设区域科技创新中心需要满足的基础条件进行分析。

（一）科技创新中心的内涵与发展

1. 科技创新中心的概念内涵

科技创新中心是指科技创新资源密集、科技创新活动集中、科技创新实力雄厚、科技创新成果辐射范围广大，从而在价值网络中发挥显著增值作用并占据领导和支配地位的城市或地区。国家区域科技创新中心应该是国家区域创新布局的重要载体，是全国性科技创新资源、科技创新人才的集聚地，是创新思想、创新技术等创新成果的原创地，是抢占全球科技创新制高点、推动产业迈向价值链中高端的重要科技力量，并且能够通过高效的成果转化与应用来驱动全国经济的可持续发展，对国家或区域重点产业领域技术创新发挥战略支撑引领作用。

由于科技创新中心自身创新资源集聚程度、创新活动的辐射带动能力等存在明显差异，因此其形态和能级在不同空间尺度下表现出层次性，可以将其划分为全球科技创新中心、全国科技创新中心和区域科技创新中心。

全球科技创新中心是全球创新网络中的枢纽性城市，是世界创新资源的集聚中心和创新活动的控制中心，也是一个国家或地区科技综合实力的代表，代表国家参与全球竞争。全球科技创新中心往往能够代表世界科技发展前沿，在全球科技创新网络中占据支配地位，在国际上产生强大的科技创新影响力，如伦敦、纽约等是国际公认的全球科技创新中心，北京、上海、深圳和广州等城市也在努力建设成为全球科技创新中心。

全国科技创新中心是具有全国影响力的科技创新中心，在全国科技创新网络中占据重要地位，与国家区域发展战略相匹配，向上对接全球科技创新中心，向下带动区域产业技术创新，能够体现国家综合科技实力且具有全国影响力，如武汉、西安等。全球科技创新中心必然也具有全国影响力，也是所在国家的全国科技创新中心。

区域科技创新中心是国家创新网络中的重要节点，是在一定区域范围内，科技创新资源和创新活动相对集中，科技创新实力较强，在产业、人才、资金、技术和信息等方面对区域创新发展具有引领与辐射带动作用，以科技创新作为主要发展动力的城市或地区。区域科技创新中心在一定区域范围内具有较强的科技引领能力，能够代表特定区域的创新竞争力。

在当今全球化、信息化时代，科技创新的发展越来越注重区域载体与全球网络的契合发展，区域载体的能级就决定了区域建设科技创新中心的影响力。对于中国这样幅员辽阔的大国而言，更需要加强多层次的区域科技创新中心的战略布局，尤其是在国家发展战略中具有特殊地位的区域布局，推进国家创新驱动发展战略在各地方的深入贯彻落实，以更好地支撑和引领区域高质量发展，实现高水平科技自立自强。

2. 全球科技创新中心的建设情况

从全球范围来看，美国在科技创新中心建设方面处于全球领先地位，拥有许多世界知名的科技创新中心，有26个城市进入全球科技创新中心前100，13个城市进入前30。旧金山—圣何塞是全球最为顶尖的全球科技创新中心，创新要素全球集聚力、技术创新全球策源力、产业变革全球驱动力这三个单项排名全球第一。

伦敦是欧洲领先的科技创新中心之一，拥有超过1.8万家科技公司。伦敦的科技生态系统蓬勃发展，得益于其强大的初创基础设施、在金融科技领域占据全球主导市场份额以及著名大学培养的非凡人才库。除伦敦外，欧洲还有巴黎、慕尼黑、斯德哥尔摩、阿姆斯特丹等世界知名的科技创新中心。

东京也是全球科技创新的重要中心之一，2021年国际科技创新中心指数（GIHI）列第6位。东京科技创新中心的发展得益于政府与市场作用的平衡，日本政府明确了东京成为全球创新网络枢纽的发展目标，并针对优化投资环境、加快创新要素集聚、激发创新活力制定了一系列政策与措施，是典型的政府主导型模式。

我国也正大力推动科技创新中心建设，有20个城市进入全球科技创新中心综合前100，5个城市进入前30。其中，京津冀、长三角和粤港澳大湾区表现突出，北京高居全球第5，上海排名全球第10。除此之外，中国其他城市和地区也在积极建设科技创新中心，如武汉、西安、成都、南京、杭州等城市也在不断加大科技创新的投入和建设力度，打造具有地方特色的科技创新中心。

科技创新中心是应对科技革命引发的产业变革，抢占全球产业技术创新制高点，突破涉及国家长远发展和产业安全的关键技术“瓶颈”，构建和完善国家现代产业技术体系，推动产业迈向价值链中高端的重要科技力量，各个科技强国都在积极推进科技创新中心建设。例如，美国推出了区域技术中心计划。2021 年 6 月 8 日，美国国会参议院通过《2021 年美国创新和竞争法案》，进一步加强区域创新战略的研究制定和实施，推动政府、学术界、私营部门、经济发展组织和劳工组织的战略合作，建立若干区域技术中心，支撑解决美国区域发展和国家安全面临的重大技术挑战，塑造美国参与全球创新竞争的新优势。英国推出北部“科学城”创新计划，以加强落后地区的科技创新，促进区域均衡发展，解决创新资源过度向“伦敦—剑桥—牛津”地区聚集的问题。2000 年后，英国政府提出在北部发展“科学城”的构想，并于 2005 年确定将约克、纽卡斯尔、曼彻斯特、伯明翰、诺丁汉和布里斯托六个城市作为“科学城”的实施主体。2010 年，日本政府开始实施“区域创新战略支持计划”，以培育具有持续竞争力的特色产业集群为目标，在全国范围内筛选“区域创新战略推进区域”。

（二）区域科技创新中心的功能及条件

1. 区域科技创新中心的主要功能

区域科技创新中心在吸引创新要素集聚、激发创新动能、加速创新产出、繁荣创新生态、打造区域竞争优势、实现科技自立自强和助推高质量发展方面发挥重要作用。其主要功能体现在两个方面：一是带动产业发展。区域科技创新中心作为区域科技合作的主导者，在科技创新活动中发挥着主导和引擎功能，能够引领未来科技创新发展的方向，并向周边区域提供科技研发、高新技术和产品输出服务，产生较强的创新辐射带动效应，带动所在区域的创新发展和产业升级。二是涌现新产业。区域科技创新中心作为区域创新的中枢和引擎，具备强大的创新成果转化能力，能够孵化涌现出新产业，在产

业链分工中占据一定领先位置，形成围绕产业链和创新链的协同分工，为经济高质量发展注入新的活力。具体而言，区域科技创新中心的功能包括以下诸多方面（见图1-1）：

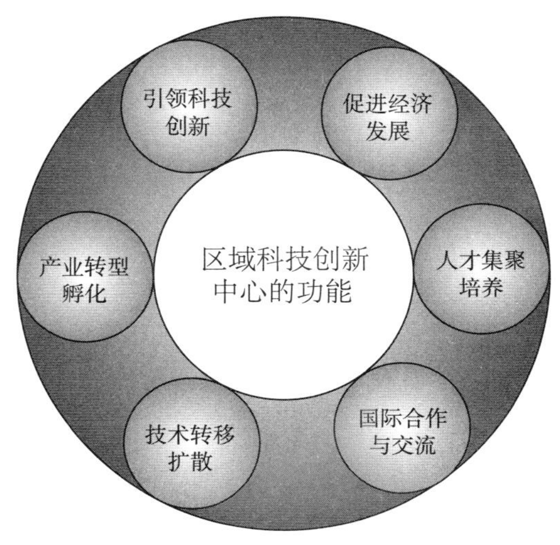

图1-1　区域科技创新中心的功能

科技创新引领功能：作为区域创新体系的核心，区域科技创新中心能够吸引创新要素集聚、激发创新动能、加速创新产出，通过研发和技术创新，开发出具有核心竞争力的科技成果，为企业和产业的发展提供技术支撑和创新引领。

经济发展促进功能：区域科技创新中心是推动区域经济增长的重要力量。通过创新和研发，区域科技创新中心可以提高生产效率、降低成本、促进新产品和新服务的开发，从而带动区域经济的持续增长，打造区域竞争优势。

产业转型孵化功能：区域科技创新中心可以推动产业升级和转型。通过引领和推动科技创新，区域科技创新中心可以吸引更多的企业和资本，扶持新兴产业的发展，促进产业链的完善和发展。

技术转移扩散功能：区域科技创新中心是科技成果转化的重要平台，具有技术转移和扩散的功能。它通过将科技创新成果向企业和产业转移，转化为具体的产业项目，推动区域产业升级和转型。

人才集聚和培养功能：区域科技创新中心是人才集聚和培养的重要载体，通过吸引高层次人才和优秀科研团队，培养科技创新人才，为创新企业和产业提供人才支撑。

国际合作与交流功能：区域科技创新中心在国际合作与交流方面能够发挥重要作用，通过与国际科技创新中心进行合作交流，引进国际先进技术和管理经验，提高自身的科技创新能力和国际竞争力。

2. 区域科技创新中心的基础条件

区域科技创新中心是集科技与产业于一体的区域创新高地。一个区域的知识资源越密集，知识资源转化为产品、产业的机制越顺畅，该区域的创新能力就越强，越可能成为科技创新中心。2021 年，习近平总书记在两院院士大会上对区域科技创新中心的阐述——“各地区要立足自身优势，结合产业发展需求，科学合理布局科技创新。要支持有条件的地方建设综合性国家科学中心或区域科技创新中心，使之成为世界科学前沿领域和新兴产业技术创新、全球科技创新要素的汇聚地”，就是从科技和产业两个方面进行的。因此，区域科技创新中心不仅要具备基础研究和源头创新的功能，还要具备关键技术研发、科技成果商业化和产业化的功能，是“科学—技术—产业”创新链完整链条均衡化发展的结果。因此，需要选择在科技创新能力较强且产业发展基础较好的区域布局科技创新中心。

区域科技创新中心以城市、都市圈或城市群为空间载体。早期关于科技创新中心的讨论主要强调从国家层面出发，对科技创新中心空间载体的讨论，最早可追溯到英国学者贝尔纳（1959）所撰写的《历史上的科学》一书，书中首次提出“世界科学活动中心”的概念。日本科学史学家汤浅光朝采用定量方法进一步界定了“科学活动中心”，认为当一个国家在一定时期内，科学成果数超过全世界科学成果总数的25%时，则该国就可称为世界科学中心。20世纪80年代后，硅谷、波士顿等一批具有世界影响力的科技活动中心在全球崛起，推动学术界将科技创新中心研究从国家层面转向区域和城市层面，科技创新逐渐成为城市的重要功能。随着信息技术的持续发展，科技创新活动的地理边界不断模糊，已突破单一城市地理界限，在都市圈、城市群等更大空间展开，表现为以一个或几个中心城市为核，周边腹地环绕一批开放度高、有产业配套和技术吸纳能力、创新要素和产出密集的城市，与中心城市形成分工、协同的创新格局。因此，区域科技创新中心建设的空间载体一般是城市、都市圈或城市群。

区域科技创新中心需要在能发挥科技创新潜力及对周边城市的带动作用的区域布局。一般来讲，区域科技创新中心在科技资源相对丰富或在某些产业中具有龙头潜质和独占性优势的区域布局，这些地区多为省会城市、国家中心城市等国家战略性区域。根据科技和产业发展情况，这些地区可以进一步分为三类，分别是科技基础与产业基础均较好的地区、科技基础较好但产业基础较弱的地区以及科技基础较弱但产业基础较好的地区。其中，科技基础与产业基础均较好的地区已形成了科技与产业的自我良性循环。应重点关注科技基础较好但产业基础较弱以及科技基础较弱但产业基础较好的地区，优先在这些地区布局区域科技创新中心，加大科技投入、优化或引入创新团队，形成国家对这些地区科技创新的系统支持，补足创新链与产业链的短缺环节，增强区域科技与产业竞争优势。

区域科技创新中心是国家创新网络中的重要节点，能够有效地承接国内外特别是国内一级创新网络节点的科研成果，以功能倍增性、适应进化性和效益增长性为创新目标，形成创新创业和科技成果转化应用的区域性高地。

区域科技创新中心建设需明确自身的层级定位，与全球科技创新中心、综合性国家科学中心的创新功能相区分。具体地，区域科技创新中心在创新基础、创新要素、创新主体、创新载体、创新生态等方面需要满足一定的条件（见图 1-2）。

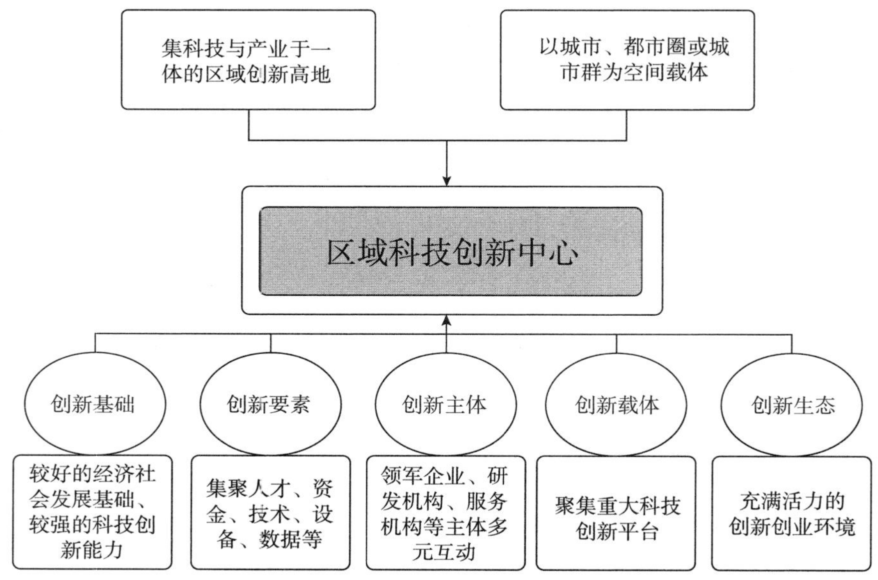

图 1-2　区域科技创新中心建设的基础条件

创新基础方面，区域科技创新中心建设应立足于本地的社会经济基础，拥有丰富的创新资源与科技基础设施，具有较强的科技创新能力，能够持续产生原创性科技成果，因地制宜形成差异化的创新发展路径与模式。

创新要素方面，区域科技创新中心建设应充分发挥人才作为核心要素的作用，集聚资金、技术、设备、数据等基础要素，实现区域创新要素系统性优化配置和创新组合。具体表现在：区域内高质量、多层次的技术型人才队伍活跃；全社会研发投入量处于区域领先水平，外部资金来源广泛，对外投资影响力初步显现；依托已有产业基础，促进技术和产品交叉融合，优势产业链培育成效显著。

创新主体方面，区域科技创新中心建设应聚集高校、科技企业、科研院所以及相关中介机构，尤其是拥有一批科技创新领军企业，通过资源共享、信息交流、知识扩散、经验互动等方式形成主体间多元互动局面。

创新载体方面，区域科技创新中心以城市、都市圈或城市群为空间载体，需在空间上聚集重大科技创新平台、新型研发机构、公共技术服务平台、技术转移机构、科技企业孵化器等，在促进科技创新、推动产业升级、提升城市发展水平等方面发挥重要作用。

创新生态方面，区域科技创新中心建设要求依托于多要素自由流动、多主体紧密互动的区域创新生态系统，具有充满活力的创新创业环境。例如，在产学研互动性上，各创新主体之间项目和战略层面协同创新合作紧密、利益协调机制和分配策略合理、信息资本流动顺畅，创新创业孵化氛围良好。在创新活动中积极开展开放性的创新协作，推动科技创新资源开放共享、共建共赢。

二、中心城市科技创新能力的总体格局

区域科技创新中心的建设就是培育区域创新增长极的过程，其实质是在特定区域的区位和资源禀赋条件下，国家通过创新资源的空间配置和创新政策的倾斜性支持等举措，来打造科技创新高地，以实现区域经济的转型升级和快速发展。近年来，随着我国实施创新驱动发展战略，一些城市和地区相继开始规划建设具有影响力的区域科技创新中心，因此有必要对全国区域科

技创新中心建设情况，以及具有区域科技创新中心建设能力的中心城市创新能力进行梳理，以期找出厦门打造国家区域科技创新中心的优势和不足。

（一）全国区域科技创新中心建设实践

推动科技创新中心建设是党中央做出的一项重要战略部署。“十四五”规划提出，支持有条件的地方建设区域科技创新中心。根据各地发布的“十四五”科技创新规划，全国有十余个省市提出争创科技创新中心。党的二十大报告进一步提出“统筹推进国际科技创新中心、区域科技创新中心建设”，为科技创新中心的发展指明了方向。布局建设各级科技创新中心，便于统筹各类创新资源，更好地服务地方和国家发展需求，也能够为新形势下建设科技强国提供有效支撑。目前，党中央已形成“3+3”科技创新中心战略布局。

北京、上海、粤港澳大湾区打造三大国际科技创新中心。其中，上海国际科技创新中心是国家最早批复建设的，北京国际科技创新中心经历了由全国科技创新中心向国际科技创新中心转变的过程，2019 年 2 月发布的《粤港澳大湾区发展规划纲要》提出将粤港澳大湾区打造成为具有全球影响力的国际科技创新中心。

推动成渝、武汉和西安建设具有全国影响力的科技创新中心。2021 年 12 月，国家发展改革委、科技部批复《成渝地区建设具有全国影响力的科技创新中心总体方案》，将综合性科学中心明确为科技创新中心内核，也是国家首个批复建设的区域综合性科学中心。2022 年 4 月，《武汉具有全国影响力的科技创新中心建设总体规划》正式获得科技部、国家发展改革委联合批复。2022 年 12 月，国家发展改革委、科技部批复支持西安建设综合性国家科学中心和具有全国影响力的科技创新中心。

科技创新中心承担了带动区域发展的增长极作用。党的二十大报告提出，

要“推进京津冀协同发展、长江经济带发展、长三角一体化发展，推动黄河流域生态保护和高质量发展。高标准、高质量建设雄安新区，推动成渝地区双城经济圈建设”。区域科技发展规划是落实国家区域战略的具体举措，并和现有的五个科技创新中心直接相关。在“3+3”科技创新中心战略布局的基础上，支持有条件的地方建设区域科技创新中心是下一步科技创新中心建设的重要方面。

（二）中心城市科技创新能力对标比较

国家区域科技创新中心首先要满足以下三个方面的条件：一是位于国家发展重大战略区域，建设科技创新中心对于国家培育创新增长极、引领高质量发展具有战略意义；二是能够更加有效地辐射带动相关区域，推动区域协同创新和协调发展；三是核心城市及周边城市群有较强的科教实力，已建立起基本的创新体系，有相对坚实的经济实力和创新能力。

其次，基于上述三个定性的基本原则，通过定量的科技创新统计指标分析中心城市①科技创新能力的总体格局。中心城市科技创新能力评价指标体系如表1-1所示。

表1-1 中心城市科技创新能力评价指标体系及厦门排名

科技创新能力主要指标		厦门指标值	排名
创新绩效	每万人口发明专利拥有量（件）	44.77	10
	每万人口高价值发明专利拥有量（件）	20.8	7
	高技术制造业增加值占规上工业增加值比重（%）	42.2	5
	技术合同成交额（亿元）	134.21	14

① 中心城市包括15个副省级城市（含5个计划单列市）：广州、武汉、哈尔滨、沈阳、成都、南京、西安、长春、大连、青岛、深圳、厦门、宁波、杭州和济南。

续表

科技创新能力主要指标		厦门指标值	排名
创新主体	国家级高新技术企业数量（家）	3600	13
	国家专精特新“小巨人”企业数量（家）	168	9
	规上工业企业数量（家）	2747	9
创新要素	R&D 经费投入强度（%）	3.2	7
	R&D 经费投入（亿元）	249	12
	技能人才数量（万人）	147	9
	高技能人才数量（万人）	20	15
	高校数量（所）	16	13
创新载体	国家重点实验室（家）	5	14
	省级重点实验室（家）	66	13
创新生态	创新企业 100 强数量（家）	0	13
	国家创新型城市排名（全国排名）	14	10
	城市营商环境排名（全国排名）	12	6
其他参考指标	GDP（亿元）	7802.7	12
	人均 GDP（万元）	14.78	6
	常住人口（万人）	530.8	15

资料来源：主要数据来源于各市 2022 年统计公报以及《中国城市统计年鉴 2022》《中国科技统计年鉴 2022》《中国火炬统计年鉴 2022》；创新企业名单来自中国企业联合会、中国企业家协会发布的“2021 中国大企业创新 100 强”榜单；“国家创新型城市排名”来源于科技部发布的全国创新城市创新能力榜单。国家专精特新“小巨人”企业数量为 2023 年含第五批的最新数据，规上工业企业数量、高校数量等来自 2021 年统计年鉴数据，其他指标均采用 2022 年数据（个别城市数据缺失，参考 2021 年指标计算，不影响排名）。

从表 1-1 可以看出，厦门总体经济体量偏小，常住人口数量排名最末，GDP 总量排名第 12（仅超过沈阳、长春、哈尔滨），但是人均 GDP 排名第 6，地区经济发展水平和富裕程度比较高。厦门各项创新指标在 15 个副省级城市中的排名在第 5~第 15，可见厦门科技创新能力的各个方面并不是均衡发展。厦门较为领先的指标有高技术制造业增加值占规上工业增加值比重（排名第 5）、城市营商环境（排名第 6）、每万人口高价值发明专利拥有量

（排名第7）、R&D经费投入强度（排名第7），而在技术合同成交额（排名第14）、国家级高新技术企业数量（排名第13）、高技能人才数量（排名第15）、高校数量（排名第13）、国家及省级重点实验室（分别排名第14和第13）、创新企业100强数量（排名第13）等指标方面排名靠后，存在突出短板。

1. 创新绩效方面，创新产出较高，科技成果的转化不足

2022年，厦门每万人发明专利拥有量44.77件，在15个中心城市中排名第10，其中每万人高价值发明专利拥有量①达20.8件，在15个中心城市中排名第7，蝉联全省首位，为全国平均水平的2.2倍、福建省的3.1倍，说明厦门的城市创新实力较强，具有高质量的创新能力。厦门高技术制造业增加值占规模以上工业增加值比重为42.2%，在15个中心城市中排名第5，说明厦门的工业产业结构较好，制造业科技创新能力较强。而厦门衡量科技成果转化的重要指标技术合同成交额为134.21亿元，在15个中心城市中仅高于长春市，排名第14，说明厦门虽然具有较强的创新产出能力，但创新成果的应用转化还非常欠缺，科技成果的产业化有很大的挖掘空间（见图1-3）。

厦门在高价值发明专利拥有量、高技术制造业增加值占比、技术合同成交额等指标方面远高于省内的福州和泉州（每万人口高价值发明专利福州10件、泉州3.76件；高技术制造业增加值占比福州12.4%、泉州24.4%；技术合同成交额福州85.25亿元、泉州10亿元）。

2. 创新主体方面，高新技术企业数量偏少，大企业创新有待强化

2022年，厦门国家级高新技术企业数量3600家，在15个中心城市中排

① 高价值发明专利是指战略性新兴产业的、在海外有同族专利权的、维持年限超过10年的、实现较高质押融资金额的、获得国家科学技术奖或中国专利奖的五类发明专利，是知识产权创造质量的直接体现，每万人口高价值发明专利拥有量越多，表示城市的创新实力越强，体现了知识产权发展从追求数量到追求质量的转变。

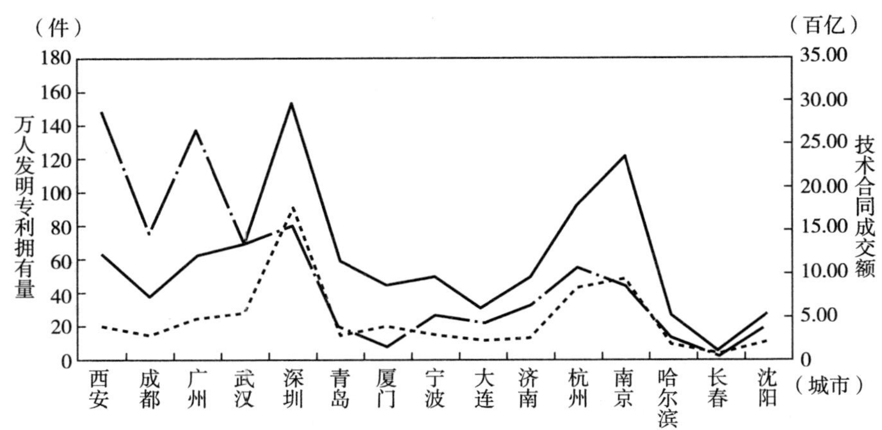

图 1-3　中心城市创新绩效各项指标情况

注：高技术制造业增加值占规上工业增加值比重（%）东北地区等部分城市数据缺失，未放入图中。

名第 13，仅高于哈尔滨和长春，省内被福州（3784 家）超过，说明厦门高新技术企业数量不足。规模以上工业企业数量 2747 家，在 15 个中心城市中排名第 9，省内低于福州（2854 家）和泉州（6016 家），说明厦门规模以上工业企业数量也较少。国家专精特新“小巨人”企业数量 168 家，在 15 个中心城市中排名第 9，数量远高于省内的福州（45 家）和泉州（52 家），说明厦门虽然高新技术企业数量不足，但是拥有一批专注于细分市场、创新能力强、市场占有率高、掌握关键核心技术、质量效益优的“排头兵”企业，优势与短板并存（见图 1-4）。

从企业的创新能力来看，厦门大企业创新投入不足。2021 年，中小型企业和大企业 R&D 经费支出分别为 102.84 亿元和 75.3 亿元，分别增长 21.4%和 7.73%，中小企业创新投入增速和占比远高于大企业。另以 2022 年（所属年度）申报研发费用加计扣除企业的数量来看，厦门仅有 5693 家，占企业数

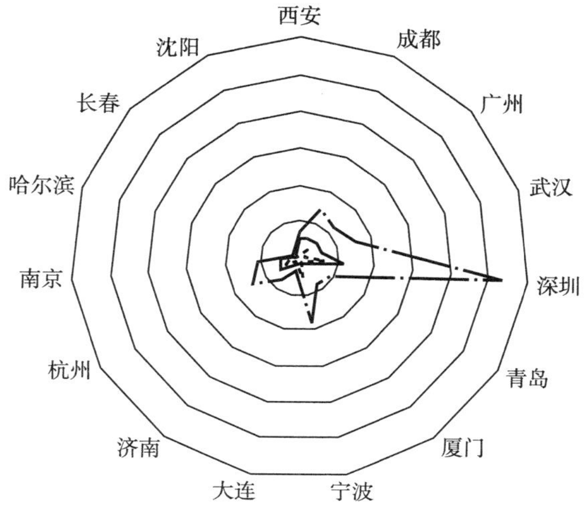

图 1-4　中心城市创新主体各项指标情况

的 1.42%①，说明企业的研发活力较低。

3. 创新要素方面，研发投入不足，创新人才存在突出短板

厦门 2022 年 R&D 经费投入强度达到 3.2%，在 15 个副省级城市中排名第 7，高于省内的福州（2.3%）、泉州（1.65%）。虽然研发投入强度较高，但由于厦门总体经济体量偏小，因此 R&D 经费投入总量实际并不高，在 15 个中心城市中排名第 12，省内也连续多年低于福州，科技研发投入相对不足（见图 1-5）。

① 以截至 2022 年底内资企业和外资企业及其分支机构 388767 户和 11747 户为基数计算得出。

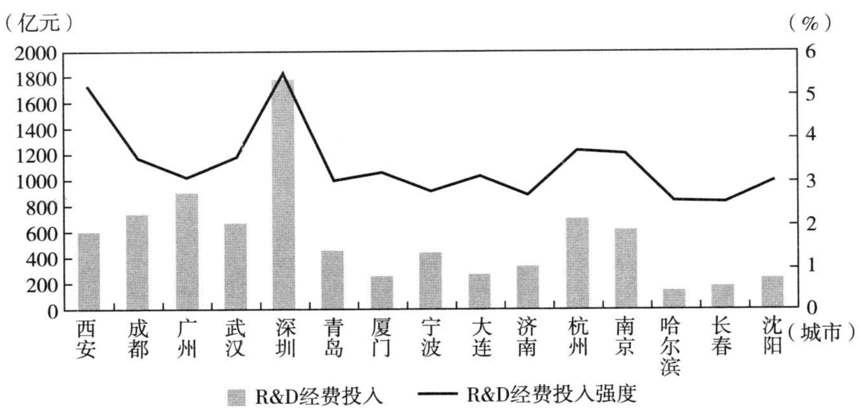

图 1-5　中心城市创新投入指标情况

在反映创新人才要素的指标方面，党的二十大报告中，首次将“大国工匠”“高技能人才”纳入国家战略人才行列。高技能人才是支撑中国制造和中国创造的重要力量。厦门虽然技能人才数量在中心城市中处于中等水平（排名第 9），但高技能人才严重不足，高技能人才数量为 20 万人，在 15 个中心城市中排名最末，省内低于福州（25.3 万人），表明高端的产业技术人才严重缺乏。厦门在高校人才供给方面也存在明显不足，虽然有一流学府厦门大学，但是高校数量 16 所，在 15 个中心城市中排名第 13，省内低于福州和泉州，在人才培养和供给方面短板突出（见图 1-6）。

4. 创新载体方面，高能级平台有限，创新引领效应有待提升

厦门高能级创新平台有限，聚焦科技发展战略需求、代表国家最高级别科技创新能力的全国重点实验室、国家重大科技基础设施尚未布局建设，在承载全球高水平研究人员、为开展前沿科技研发提供重要基础条件方面存在不足。厦门拥有国家重点实验室 5 家，在 15 个中心城市中排名第 14，而南京、武汉、西安、广州分别为 31 家、30 家、24 家、21 家；省级重点实验室

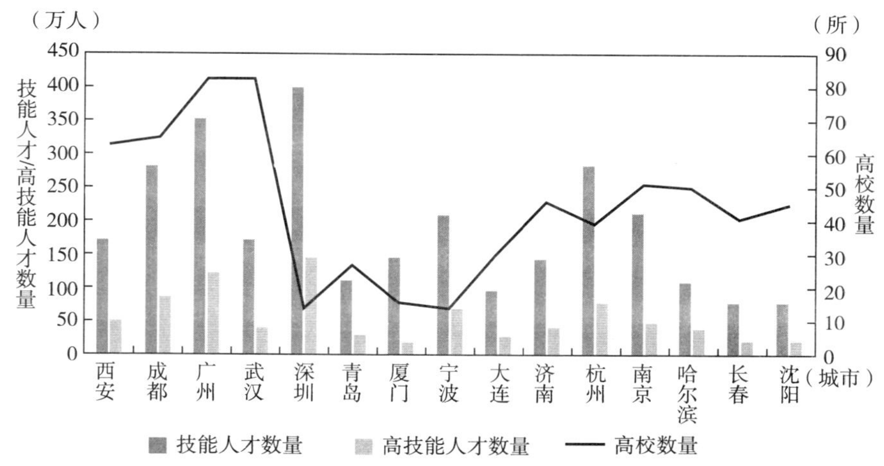

图 1-6　中心城市创新人才指标情况

有 66 家，数量远低于省内的福州。在实地调研中也发现，厦门的创新载体建设更看重创新载体数量和产业规模的扩张，对产业质量的提升作用和产业生态的集聚作用有限。总体而言，厦门高能级创新研发的特征效应尚不明显，在原始创新、引领性创新等方面能力不足，创新平台的引领带动作用有待进一步提升。

5. 创新生态方面，创新创业环境好，缺乏创新型大龙头企业

鉴于龙头企业在创新生态中的引领作用，本书选取“创新企业 100 强数量”指标来反映创新生态。根据中国企业联合会、中国企业家协会发布的“2021 中国大企业创新 100 强”榜单，厦门没有企业上榜，可见厦门缺少全国性的创新型龙头企业，能够承载大规模研发经费投入的大企业数量偏少，大企业对创新生态的影响不够。另外，创新型城市是指自主创新能力强、科技支撑引领作用突出、经济社会可持续发展水平高、区域辐射带动作用显著的城市，一定程度上也能反映城市的创新发展生态。根据《国家创新型城市

创新能力评价报告2022》，厦门全国排名第14，在15个副省级城市中排名第10，仅优于宁波（第16）以及东三省的大连（第17）、沈阳（第18）、长春（第23）、哈尔滨（第29），在省内远领先于福州（第35）、泉州（第74）。良好的营商环境是激发创新活力的重要基础，根据国家发展改革委、商务部、工业和信息化部等联合发布的"2023年全国城市营商环境排名"，厦门排名第12，在15个中心城市中排名第6，在省内也明显好于福州（第22）、泉州（第37）（见图1-7）。

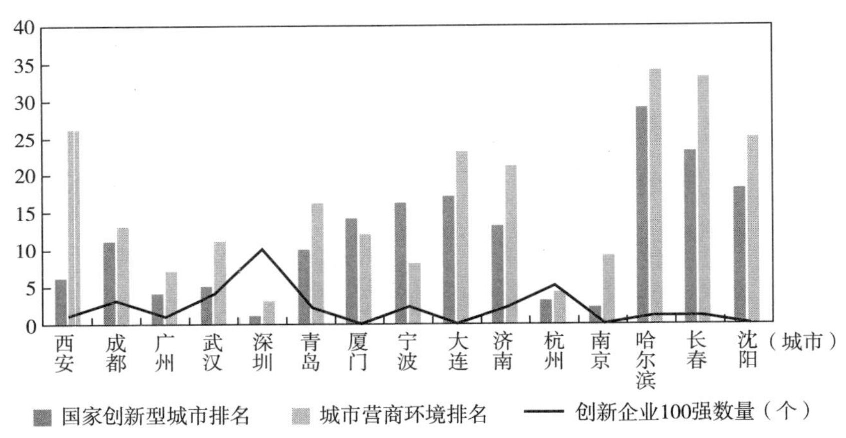

图1-7　中心城市创新生态各项指标情况

总体而言，与其他副省级城市相比，厦门在创新绩效和创新主体方面有一些优势指标，同时也有些指标存在短板；而创新要素和创新载体方面的大多数指标都表现欠佳，存在突出短板。同时，通过对厦门与周边的福州、泉州相关数据进行比较，发现厦门高新技术企业数量、规模以上工业企业数量、高技能人才数量、高校数量等方面被福州超过，但总体科技创新能力在区域内具有领先优势。

三、厦门打造国家区域科技创新中心的能力分析

厦门打造区域科技创新中心，就是要在国家层面，通过创新资源的空间配置和创新政策的突破来打造能带动区域经济转型升级的科技创新高地和创新增长极。进入数字经济时代以来，科技创新的发展越来越注重区域载体与创新网络的契合发展，区域载体的能力就决定了区域建设科技创新中心的影响力。本书结合对中心城市科技创新能力的对标比较，系统梳理了厦门打造国家区域科技创新中心的优势及面临的挑战。

（一）厦门打造国家区域科技创新中心的优势

1. 位于重大战略区域，具有政治地位和体制机制优势

厦门位于国家发展重大战略区域，地理位置优越，位于海峡两岸经济区中心位置，是两岸经贸合作的重要桥梁和纽带，也是中国大陆最早实行对外开放的四个经济特区之一、全国五个计划单列市之一、福建省唯一的副省级城市。第一，作为经济特区和台胞台企登陆第一家园“第一站”，厦门是对台合作的战略高地，在推动和深化两岸科技融合发展方面具有先行先试的体制机制优势，例如设立了大陆首个台企金融服务联盟、首家全国性台商产业投资基金，厦门打造国家区域科技创新中心将对两岸科技合作起到重要支撑和推动作用。第二，独特的地理位置和政治地位决定了厦门在对外开放方面具有优势，依托金砖国家新工业革命伙伴关系创新基地、自由贸易试验区、福厦泉国家自主创新示范区等创新平台，厦门能够为企业提供便捷的商业交

流和合作机会，全面对接全球创新资源和网络。第三，从区域的角度，厦漳泉都市圈具有较好的创新协同基础，厦门建设国家区域科技创新中心，能够更好地整合都市圈各类创新平台与资源，发挥都市圈内部的创新网络效应，对于国家培育创新增长极、引领闽西南地区高质量发展具有战略意义。

2. 科技创新发展基础较好，具有区域科技创新引领能力

厦门具有较为扎实的科技创新发展基础。第一，科技创新产出能力较强，跻身首批国家创新型试点城市，全社会研发投入强度 2022 年达到 3.2%，居全省首位，远高于全国、全省平均值；全市万人有效发明专利拥有量达 44.77 件，其中每万人高价值发明专利拥有量达 20.8 件，为全国平均水平的 2.2 倍、全省的 3.1 倍，具有打造区域科技创新中心的创新引领能力。根据《国家创新型城市创新能力评价报告 2022》，厦门创新能力指数居全国第 14 位；《中国城市科技创新发展报告（2021）》显示，厦门市在科技创新发展指数排名中位于前 20；福厦泉国家自主创新示范区考核评估中，厦门片区连续四年居全省第一。第二，在细分领域具备较强的科技竞争力，拥有一批具有国际竞争力的科技企业和创新机构，涌现出具有原创性、引领性的创新产品和技术，如世界首支戊肝疫苗、国产首支宫颈癌疫苗等新药，超细晶硬质合金、BOPA 双向拉伸膜等领域技术达到国际先进水平。第三，建成了一批科技创新体系和平台，厦门火炬高新区综合实力排名提升至全国第 16，火炬物联网专业孵化器获评“2022 年度国家级科技企业孵化器”，厦门国家级科技企业孵化器数量累计达 10 家。扎实的科技创新发展基础和较强的科技创新引领能力，为厦门打造区域科技创新中心提供了强有力的支撑。

3. 产业体系特色明显，具有高质量发展和产业竞争优势

厦门具有高质量发展、特色的产业基础。第一，支柱产业具有较强的竞争力。厦门电子信息、机械装备、新材料等产业在全国具有一定的优势地位，

首次跻身“2022年中国新型显示十大城市”，生物医药港综合竞争力首次进入全国前十，同时成为国内锂电池产业链发展较为完整的头部城市之一。厦门推动外贸稳定和创新发展获国务院办公厅督查激励，自贸片区连续两年获商务部国家文化出口基地综合评价功能区类第1名。第二，产业体系特色明显。厦门在以科技创新为支撑建设现代化产业体系方面具有较好的产业布局，以先进制造业和现代服务业为主体，以战略性新兴产业为支撑，构建了动能持续、梯次发展的“4+4+6”现代产业体系。其中，电子信息和机械装备产业集群规模达5482亿元，占规模以上工业总产值的61%；战略性新兴产业方面，生物医药、新材料和新能源三个战略性新兴产业规模近3000亿元，占规上工业总产值的32.4%。第三，现代服务业发展水平较高。厦门金融、现代物流、文化旅游、软件信息服务等产业集群的营收已经超过千亿元，新商业模式也在蓬勃发展，如跨境电商、直播经济、社区新零售等，网络零售额年均增长率高达35.6%，能够为企业提供完善的配套服务，有利于创新企业降低成本、提高效率。

4. 创新创业环境优良，具有科技创新要素集聚优势

习近平总书记盛赞厦门是一座高素质的创新创业之城，也是一座高颜值的生态花园之城。政策环境方面，作为经济特区和计划单列市，厦门享受一系列的开放政策，包括税收、贸易、投资等方面的优惠政策，在此基础上，政府出台了一系列的创新创业政策，积极打造国际化创新创业环境，培育创新创业人才和团队，为厦门创新创业提供了良好的政策环境和支持。另外，厦门的营商环境也在持续改善，推出了553项创新举措，其中，126项全国首创、30项厦门经验在全国复制推广。创新创业环境方面，依托金砖国家新工业革命伙伴关系创新基地、自由贸易试验区、福厦泉国家自主创新示范区、服务贸易创新发展试点等创新平台，厦门能够全面对接全球创新资源和网络，

以创新驱动为引领，推动传统产业转型升级和新兴产业快速发展，目前已经在工业、科技、经贸等领域打造了一批标志性平台和旗舰型项目，具有一定的领先优势。此外，厦门还设立了多个双创基地和众创空间，为企业提供优质的创业空间和资源。投融资环境方面，厦门拥有优惠的投融资政策，能够发挥财政政策、金融政策和资本市场优势，实现资金要素向创新主体集聚。例如，《厦门市鼓励外商投资条例》等为外商投资提供了优质的投资环境和条件。作为福建省唯一入选“产融合作试点城市”的城市，厦门在实施科技产业金融一体化试点、引导社会资本投早投小投硬科技方面也有政策支持。一是充分运用“财政政策+金融工具”的方式，扩大中小微企业融资增信基金、技术创新基金等基金规模，通过财政贴息、信用担保等形式，支持企业进行技术改造、研发创新。二是在信贷扶持方面，先后出台了一系列政策，鼓励辖区内金融机构通过单列信贷计划、专项考核激励等方式，加大对科技企业的金融支持力度。三是出台《厦门市政府性融资担保实施办法》，鼓励政府性融资担保支持科技型企业发展。人居环境方面，厦门具有优越的地理位置和交通网络、得天独厚的自然环境和优美的生态环境，以及优质的生活配套设施，这为科技创新提供了良好的环境条件。政策叠加、美丽宜居、社会文明，提升了厦门在吸引高能级研发机构、高水平科研人员、高质量创新企业方面的竞争力。

（二）厦门打造国家区域科技创新中心面临的挑战

在总结厦门打造国家区域科技创新中心具有的优势的同时，对照国家战略需求和厦门高质量发展需要，会发现过程中也面临一些困难和挑战。

1. 产业集聚效应不明显，产业链上下游协同创新不够

厦门当前的产业集聚效应还不够强，对产业链协同创新的带动能力明显

不足。首先，经济规模相对较小，腹地空间小且经济发展水平较低，在全国15个副省级城市中，厦门的GDP总量排名靠后，在福建省内，GDP总量也远低于福州和泉州，这就导致了厦门的产业集聚效应不强，经济辐射范围有限，难以对周边地区形成显著的引领带动作用。其次，产业结构相对单一，主要以电子信息、机械装备等传统制造业为主，产品附加值偏低，处于价值链中低端，高新技术产业和其他战略性新兴产业的支撑不足，在产业链协同创新方面的支撑也不足。最后，产业链本地配套率较低，多数龙头企业都自带或在外地有稳定的配套厂商，导致与本地中小企业配套较少、协同不够；本地科技型中小企业实力不强，也限制了其技术、产品融入龙头企业的供应链配套体系中，产业链配套能力不足。

2. 科技创新策源力不强，引领性创新与先进城市有差距

厦门在创新水平关键核心技术方面与先进城市差距较大，原始创新能力较弱，创新资源的集聚度和溢出效应有待进一步提升。一是高能级创新平台数量有限，代表国家最高级别科技创新能力的国家实验室、国家重大科技基础设施尚未布局建设，国家重点实验室5家（南京、武汉、西安、广州分别为31家、30家、24家、21家），火炬高新区各类创新平台在推动源头创新中发挥的作用有限，真正实现高能级创新研发的特征效应尚不明显，在原始创新、引领性创新等方面能力有待提升。二是高新技术企业数量偏少。2022年，厦门国家级高新技术企业数量为3600个，在15个副省级城市中排名第13，在福建省内也被福州超过。厦门高新技术企业数量不足，规模也偏小，未形成全国领先的高技术产业集群，缺乏领军型的高新技术企业。三是企业创新活力不足，产业整体并未体现研发密集型特征，高技术领域企业创新活动覆盖面不够广，全市有R&D活动的规模以上工业企业比重为41.9%，设有研发机构的规上工业企业比重仅为18.6%。厦门企业内生创新动力不足，创

新主体的协同能力和创新资源的协调能力有待进一步提升。四是科研投入相对不足。厦门虽然拥有多所高校和研究机构，也具有较高的研发投入强度，但受经济总量制约，R&D 经费投入总量实际并不高，在 15 个中心城市中排名第 12，与国内其他一些发达城市相比，科研投入和创新能力还有一定的差距。

3. 创新应用转化效率低，高端创新资源成效释放不足

厦门高能级创新平台大多依托高校院所建设，侧重基础研究和前沿性研究，虽有成果转化、企业孵化的产业化导向，但受限于科研人员考核奖励制度、科技经理人团队、研发产业化方向与市场对接程度等因素，目前发挥出来的创新实效还不强，在成果落地、产业化以及与企业的需求对接等方面比较薄弱。厦门 2022 年技术合同成交额为 134. 21 亿元，远低于广州、西安、深圳、成都。在《中国科技成果转化年度报告（高等院校与科研院所篇）》中，厦门列入高校转化科技成果合同金额百强的高校院所仅厦门大学（第 51 位）、集美大学（第 86 位）两席，技术交易合同金额分别为 4. 1 亿元、2. 1 亿元，与浙江大学（26. 9 亿元）、四川大学（16. 8 亿元）、华中科技大学（15. 1 亿元）、西安交通大学（12. 7 亿元）等同类院校相比存在较大差距。

4. 人才“引育留”存在短板，创新人才吸引集聚能力不强

创新人才缺乏已成为制约厦门产业创新发展的“瓶颈”，具体表现在：第一，对高端人才集聚的吸引力不强。厦门市产业集聚效应不强、产业发展内生创新动力不足，加之高额的生活成本等不利因素，在国内各城市间人才“争夺战”愈演愈烈的背景下，对高端人才的吸引力呈现下降趋势，人才引进效果与现实需求差距较大。第二，重点行业产业人才缺乏。厦门在集成电路、生物医药、新能源、新材料等行业均面临产业人才紧缺的困境，技术、研发、营销等专业人才一直处于供需不平衡的状态，特别是中高端研发

人才和有专业背景的市场营销人才尤其紧缺。这些行业的快速发展导致对专业人才的需求急剧增加，但厦门本地高校理工学科建设起步较晚，本土人才培养不足，并且较高的生活成本也限制了引才留才工作，产业人才短板明显。第三，高等院校人才培育不足。厦门高校院所数量偏少，普通高等院校仅16所（广州、武汉、西安、成都分别为83所、83所、63所、57所），仅有厦门大学这一所国家“双一流”建设高校，且受到厦门产业体系与学校优势学科专业匹配度不高、本地就业容量有限、生活成本较高等因素的影响，厦门高校毕业生留厦工作的意愿并不强。

厦门打造国家区域科技创新中心，是厦门在新时代推动自身高质量发展、构建区域竞争新优势和支撑国家科技自立自强的重要选择。在不断积累的科技创新要素和能力支撑、产业发展对科技创新的需求牵引、政府着眼于未来竞争的前瞻性部署和战略性安排，以及国家推动两岸融合发展示范区建设的战略谋划下，厦门打造国家区域科技创新中心具有极为优越的现实条件；但同时，也必须弥补产业链上下游协同创新不够、引领性创新与先进城市有差距、高端创新资源成效释放不足、创新人才吸引集聚能力不强等方面的不足。

子报告 2：厦门企业创新主体培育战略

当前厦门企业创新主体存在研发企业数量少、研发投入强度低、企业创新互动频率低、创新生态竞争力弱等问题。造成这一问题的深层次原因有如下几个方面：从产业结构角度来看，研发投入强度相对较高的工业部门在三次产业占比中先天较低，且呈现持续下降趋势；从工业结构内部来看，技术成熟度高、研发投入相对较低的产业占比较高；从产业链分工来看，虽然作为厦门主导产业的电子信息属于高研发投入产业，但厦门电子信息企业多处于加工制造环节，且龙头企业多将厦门作为生产基地，研发投入较少。解决厦门企业创新问题根本上要调整优化厦门产业结构，建议厦门在新型工业化战略指引下，以“工业强市”战略做强做大工业（或第二产业），提高工业、先进制造业和未来产业占比。在此总体战略指引下，聚焦到企业创新主体培育和区域科技创新中心建设层面，厦门要确立“打造具有全国影响力的产业创新生态”战略目标，并以如下五条战略路径为抓手，推动大中小企业等各类创新主体创新能力和创新生态竞争力的全面提升，支撑区域科技创新中心建设：一是厚植产业土壤，奠定企业创新主体发展基础；二是引育并举，着力提升厦门龙头企业数量和创新能级；三是三管齐下，推动厦门中小企业成为创新生态的中坚力量；四是独辟蹊径，打造外地衍生企业创业高地；五是做实机制，打造大中小企业融通创新的示范区。

一、厦门企业创新主体培育的特征事实

（一）主要政策举措与成效

1. 主要举措

近年来，厦门在培育企业创新主体方面出台了较为完善的法律法规和政策支撑体系（见表2-1）。与其他地区相比，厦门不仅出台了支撑企业创新发展的全方位、全周期政策措施，还以人大法规的形式明确了创新在厦门现代化建设全局中的核心地位，明确了政府在促进创新发展、推动企业创新能力提升方面的作用。例如，《厦门市“十四五”科技创新发展规划》提出推进以企业为主体的技术创新体系建设，从实施高新技术企业培育计划、实施科技型中小微企业培育工程、构筑创新型企业梯次发展格局等方面进行了部署。由于厦门科技局等部门已经对厦门支持企业创新发展的政策进行了系统的梳理，因此本部分不对这一内容（包括创新主体培育成效）进行重复梳理总结，而将研究重点聚焦到厦门企业创新主体存在的问题、深层次原因以及相应解决思路和战略措施等方面。

表 2-1　涉及企业创新主体的相关法规和政策文件

发文部门	政策名称	相关内容
厦门市政府	《厦门市“十四五”科技创新发展规划》	提出推进以企业为主体的技术创新体系建设，从实施高新技术企业培育计划、实施科技型中小微企业培育工程、构筑创新型企业梯次发展格局等方面进行了部署
厦门市委	厦门“科技创新二十五条”	第二部分提出强化企业创新主体地位，提升产业自主创新能力，从研发费用补贴、创新产品和服务采购、激发国有企业创新动力等方面出台了政策措施
厦门人大	《厦门经济特区促进科技创新若干规定》	从企业创新投入、科技人员创业支持、创新要素供给等方面出台了法规支持
厦门市委、市政府	《厦门市科技创新引领工程实施方案》	第二部分提出壮大科技创新主体，从提升企业核心竞争力、激发国有企业创新活力等方面出台了支持政策

2. 现实成效

除了《厦门市“十四五”科技创新发展规划中期评估报告》《厦门创新型城市建设成就与经验启示》等现有报告总结的成效外，厦门创新主体培育的成效还表现在如下几个方面：

第一，链式发展的创新效应显现。经过长期积累，厦门科技创新能力整体持续提升，在集成电路、平板显示、软件和信息服务、生物医药、新材料等若干重要领域具有一定的比较优势，集聚了一大批市场占有率高、品牌影响力大、技术实力强的企业，宸鸿科技、友达光电、冠捷显示、宸美光电等工业企业产值连续多年超百亿元。同时，通过产业链招商引资的方式，厦门的平板显示、半导体与集成电路等行业产业链条薄弱环节得到加强，与之相关的技术平台、服务中介也开始增多，产业链基本完整，某些前沿方向开始进入并行、领跑阶段，整体正处于从量的积累向质的飞跃、点的突破向系统能力提升的重要时期，对厦门经济的贡献日益突出，以高新技术产业为代表的创新主体和创新资源正成为厦门经济社会高质量发展的新引擎。

第二，吸引台资创新主体成效明显。厦门自设立经济特区以来，在促进大陆对台开放与两岸关系中一直发挥着“窗口”与“示范”作用，在自由贸易区建设中也突出和深化对台集成电路等先进制造业和现代服务业合作，在对台交流与合作方面积累了丰富的经验，已引进了友达光电、宸鸿科技等20多家台湾百大企业，累计批准台资项目近11000个，累计实际使用台资超117亿美元，台企工业产值约占厦门规模以上工业总产值的1/4。

第三，产业集群创新环境明显改善。随着岛内岛外一体化加快，厦门制造业产业集群创新发展空间不足问题有所缓解，海沧、集美、同安和翔安成为生物医药、新材料、软件与信息服务、半导体与集成电路等产业的集聚地，海沧生物医药港、同翔高新技术产业基地、集美软件园三期等一批专业园区成为技术密集型产业创新活动的主要集聚区。在软环境方面，厦门市各级政府围绕创新主体培育先后出台了《加强工业用地保护利用实施意见》《加快发展集成电路产业实施意见》等一系列的政策文件和专门规划，有力支持了创新主体培育。

（二）主要问题

1. 具备较强创新能力的企业数量少、能级低、成长缓慢，“大而不强，小而不专”问题突出

厦门企业整体能级较低，体现为能够承载大规模研发经费投入的大企业数量偏少，缺乏能够引领产业创新的龙头企业。以作为厦门的支柱产业之一的电子信息产业为例，虽然该产业的总产值占规模以上工业总产值的比重达到37%（2022年），拥有戴尔、宸美光电、友达光电、天马微等一大批龙头企业，是厦门龙头企业最为集中的产业，但根据2023年9月中国电子信息行业联合会在厦门发布的“全国电子信息企业百强”名单，厦门只有宏发电声一家企业入选，这一结果反映了厦门主导产业中本地龙头企业的能级较低。

尽管厦门的电子信息产业还存在戴尔、宸美光电等外资龙头企业，但这些企业主要集中在组装环节，对厦门创新能力的带动作用有限。从结果层面来看，厦门企业创新投入和创新能力的薄弱导致专利数量较少。从表 2-2 可以看出，2022 年厦门全市有效发明专利授权量 5274 件，分别是青岛的 36.31%、深圳的 10.11%。

表 2-2　厦门及其他计划单列市发明专利情况　　单位：件

	2022 年专利授权总量	2022 年发明专利授权量	2022 年 PCT 国际专利申请量	万人发明专利拥有量
大连	25473	4284	—	—
厦门	38442	5274	467	44.77
青岛	—	14523	2351	58.99
宁波	76000	9611	667	32.5
深圳	275774	52172	15892	137.9

资料来源：各城市 2022 年统计公报，宁波 PCT 数据为 2021 年数据，深圳数据来自《深圳市 2022 年知识产权白皮书》。

在中小企业方面，厦门科技型中小企业数量少，创新能力弱。根据历次工业和信息化部公布的国家级专精特新“小巨人”计划企业名单，整理出各市国家级专精特新“小巨人”企业数量（见图 2-1）①。从图中可以看出，厦门国家级专精特新“小巨人”企业数量低于宁波、青岛等城市。从纵向增长来看，厦门入选第四批国家级专精特新“小巨人”企业的数量为 64 家，而第五批只有 25 家入选，入选数量呈现下降趋势，说明厦门中小企业成长缓慢。

厦门高新技术企业的产值增长乏力，对产业链和创新生态的带动能力较弱。从图 2-2 中可以看出，厦门高新技术企业产值增长缓慢，在对标的计划单列市和副省级城市中只排在大连、沈阳、哈尔滨之前，厦门 2021 年高新技术企业的产值仅相当于杭州 2017 年或济南 2018 年水平，这说明厦门高新技术企业能级较低，对产业链和创新生态的带动能力较弱。

① 截至 2023 年，工业和信息化部共公布五批国家级专精特新“小巨人”。

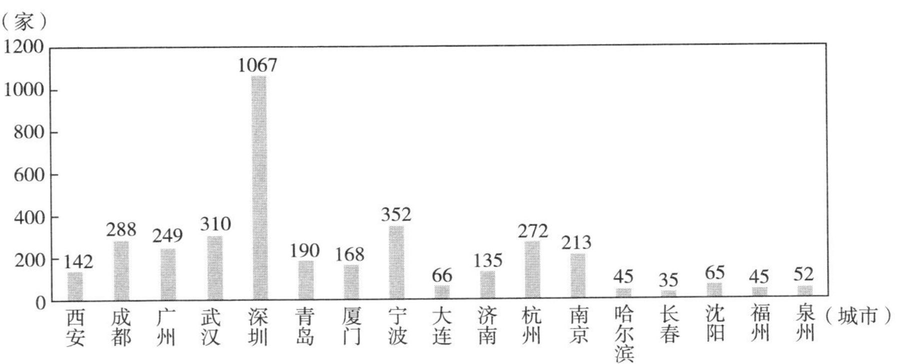

图 2-1　厦门及其他城市的国家级专精特新“小巨人”企业数量

资料来源：课题组根据工业和信息化部历次公布的国家级专精特新“小巨人”企业名单整理。

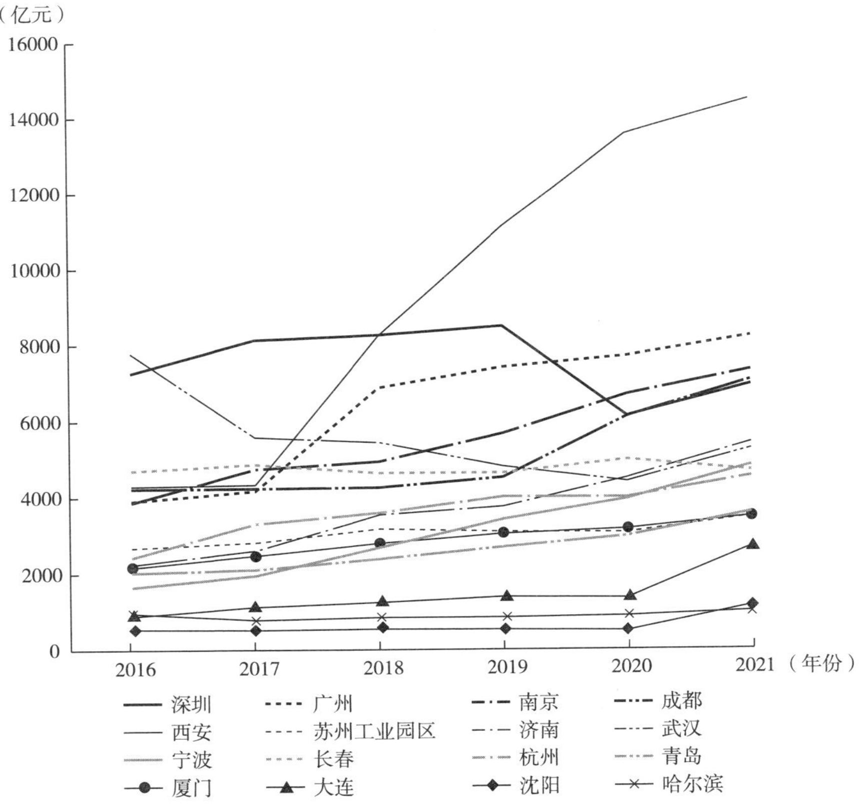

图 2-2　厦门及其他城市国家级高新技术企业总产值对比

资料来源：历年《中国火炬统计年鉴》。

2. 民营企业创新活力不足，严重制约了创新生态竞争力提升

民营经济的重要性可以概括为“56789 贡献”①，其中“7”指的是贡献70%以上的技术创新成果。近年来，厦门市民营经济作为厦门国民经济的重要组成部分，总量稳步增长，对全市 GDP 增长贡献率超 30%②。但横向对比来看，根据“中国民企五百强”数据，厦门上榜的民营企业数量一直落后于福州，多数年份也落后于泉州，与南平、宁德等三线城市处于同一水平，这与其副省级城市和经济特区的地位不相称。厦门上榜的民营企业数量，2017年之前保持在 10 家左右，2019～2021 年一直保持在 3 家没有突破，2022 年减少为 2 家，2023 年无企业上榜（见表 2-3），退回到 2014 年水平，与占据9 席的福州形成鲜明对比。作为参照，同为经济特区的深圳在 2023 年有 11家世界 500 强企业，其中超过半数是民营企业。

表 2-3　福建各市入选 2023 年中国民营企业 500 强企业数量

排名	城市	企业数量（家）	相比于 2022 年
1	福州	9	+1
2	泉州	2	持平
3	宁德	1	-1
4	漳州	1	持平
5	南平	1	+1
6	厦门	0	-2
合计		14	-1

资料来源：中华全国工商业联合会。

① 贡献了 50%以上的税收，60%以上的国内生产总值，70%以上的技术创新成果，80%以上的城镇劳动力就业，90%以上的企业数量。

② 《福建日报》2023 年 8 月 24 日报道，截至 2022 年底，厦门全市民营企业数量 82.78 万户，占比 97.72%。全市民营经济增加值 3738.01 亿元，同比增长 2.8%，占全市 GDP 比重为 47.9%，对全市 GDP 增长贡献率为 30.4%。

3. 外资企业根植性和研发本地化水平低

不可否认，厦门引进的外资、外地企业都具有较强的原始创新能力和较高的产品市场定位，但这些企业在厦门的投资主要定位于附加值较低、技术工艺较成熟的加工制造环节，其本地创新主要是针对本地工艺改进的技术性支持，持续创新和原始创新能力严重不足。以平板显示为例，除了天马微、三安光电等企业之外，友达光电、宸鸿科技、电气硝子等企业都是外资企业，许多龙头企业只是将厦门作为中国大陆地区或亚太地区的加工制造基地，在厦门的研发活动主要是为生产制造提供技术支撑，新产品、新工艺研发活动主要在总部进行[①]。根据规模以上企业工业总产值数据测算，2021 年厦门的国有资本、港澳台资本、外商资本比例为 23∶26∶51，外资和港澳台资本比例远高于全国均值，且此比例是 2020 年港澳台（尤其是台湾）投资下降、国有资本提高后的结果，2020 年之前，外资与港澳台资本占比更高（见图 2–3）。

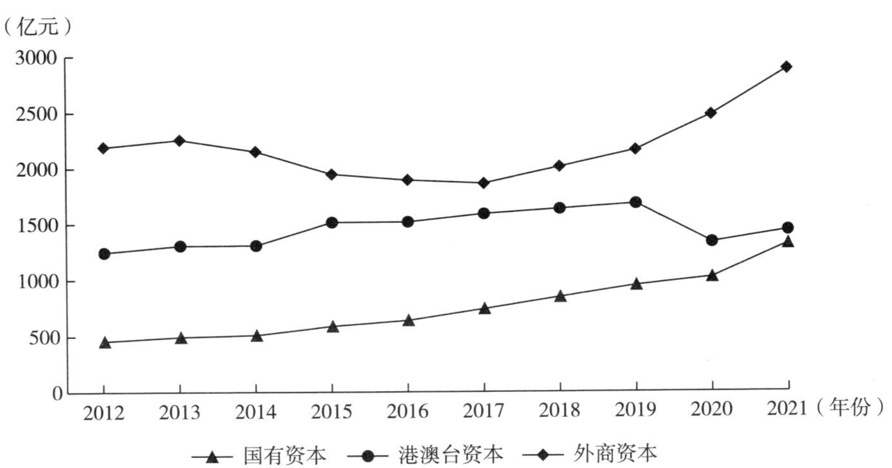

图 2–3　厦门国有资本、外资、港澳台资本比例

资料来源：历年《中国城市统计年鉴》。

① 例如，友达光电的生产基地在厦门，但研发不在厦门。

厦门外资和港澳台资本的一个特点是本土根植性低。以台资为例，厦门的某些台资企业具有十分明显的整个产业链的可复制性特征。这些台资企业以协力网络的方式形成了自己的产业集聚。即当某个大型企业前来投资时，一些原来与之有着产业联系的上下游生产企业便会相继前来以维持原来的产业联系并形成聚集，构成了相当绵密完整却又排斥当地产业联系的产业群。从对本地企业的技术溢出来看，外资企业是否根植于本地且促进当地发展，还取决于其技术能否扩散以及当地企业是否能够被纳入其技术网络中。然而，台资企业在厦门的技术溢出效应并不明显，这是因为：第一，其产业定位为劳动密集型装配工序环节，技术水平相对较低。第二，即便有技术含量，为了保护对先进技术的垄断，一般情况下，核心技术多是在台湾地区研发，然后直接移植到大陆进行生产。它的技术创新仅与台湾的母公司发生纵向联系，而并未同当地企业发生大规模横向联系。因此，当产业区位条件发生变化时，这种生产网络便能够被完整地复制并进行流动，这就为其迁移提供了产业组织上的基础。

4. 企业创新互动不足，未能形成具有活力的创新生态

从厦门城市内部创新生态来看，龙头企业单打独斗的情况远超合作，关联配套的中小企业少，地方化的产学研体系没有形成，从而缺少行业共性技术平台和信息分享渠道，难以形成健康的创新生态。即使在平板显示、集成电路、新材料等知识密集型产业内部，由于企业间缺乏相互协作，外资和港澳台资又占据主导，因此企业数量与规模的量变并没有引起创新活动的质变。多数的龙头企业是外资、台资或境内市外企业设立或控股的，是通过招商引资或兼并重组方式引进来的，这类龙头企业的投资目的性比较明确，就是把厦门作为一个区域性的生产制造基地。并且，这类龙头企业通常拥有比较成熟的产业链配套体系，对本地中小企业的协作带动作用很小，技术外溢效应

不明显。从本地企业的内部竞合关系来看，本地成长起来的光电企业主要从事技术门槛相对较低的产品生产制造，技术来源依赖于从外部引进和消化吸收，且龙头企业之间存在竞争关系，它们都拥有自己的配套体系和研发体系，彼此之间难以实现配套和共性技术平台共享。

从城市间创新协作生态来看，分析历年国家级自主创新示范区名单（见表2-4）的特征可以看出，跨行政区、多核心的创新合作越来越为国家所重视。就福厦泉国家自主创新示范区的创新资源基础而言，厦门拥有一批层次不同的高校和科研院所，创新资源相对丰富，周边城市也拥有一些创新研究机构或专业院校，如福建（泉州）哈工大工程技术研究院、泉州华中科技大学智能制造研究院；同时，厦门与周边城市的产业也具有较大产业协同潜力，理论上能为厦门提供较为广阔的产业腹地，承接厦门创新活动产业化落地。但就福厦泉国家自主创新示范区成效而言，厦门并未充分利用自主创新示范区建设的机遇提升自身协同创新和引导创新的能力，示范区的创新资源基本处于分而治之的状态，城市之间创新资源不共享，科技创新要素流动不畅，如何突破行政区域的边界束缚实现三市在创新投入、基础建设、人才培养、开放合作等方面的资源要素自由流动、相互衔接，统筹协调三市创新生态的梯度差异，充分发挥区域创新体系的整体效能，仍然是当前福厦泉国家自主创新示范区建设亟待解决的现实问题。

表2-4　历年批复的国家级自主创新示范区名单

年份	国家自主创新示范区	覆盖城市
2009	中关村国家自主创新示范区	北京
2009	武汉东湖国家自主创新示范区	武汉
2011	上海张江国家自主创新示范区	上海
2014	深圳国家自主创新示范区	深圳

续表

年份	国家自主创新示范区	覆盖城市
2014	苏南国家自主创新示范区	南京、苏州、无锡、常州、镇江
2015	长株潭国家自主创新示范区	长沙、株洲、湘潭
2015	天津国家自主创新示范区	天津
2015	成都国家自主创新示范区	成都
2015	西安国家自主创新示范区	西安
2015	杭州国家自主创新示范区	杭州
2015	珠三角国家自主创新示范区	广州、深圳、珠海、佛山、惠州、东莞、中山、江门、肇庆
2016	郑洛新国家自主创新示范区	郑州、洛阳、新乡
2016	山东半岛国家自主创新示范区	济南、青岛、淄博、潍坊、烟台、威海
2016	沈大国家自主创新示范区	沈阳、大连
2016	福厦泉国家自主创新示范区	福州、厦门、泉州
2016	合芜蚌国家自主创新示范区	合肥、芜湖、蚌埠
2016	重庆国家自主创新示范区	重庆
2018	宁波、温州国家自主创新示范区	宁波、温州
2018	兰白国家自主创新示范区	兰州、白银
2018	乌昌石国家自主创新示范区	乌鲁木齐、昌吉、石河子
2019	鄱阳湖国家自主创新示范区	南昌、新余、景德镇、鹰潭、抚州、吉安、赣州

资料来源：本书课题组整理。

（三）原因分析

企业是创新的主体，企业创新的上述问题是导致厦门整体研发投入强度较低的关键因素。与武汉、深圳、杭州持续多年超 6%的研发投入强度相比，厦门研发投入强度一直未突破 4%（见图 2-4）。

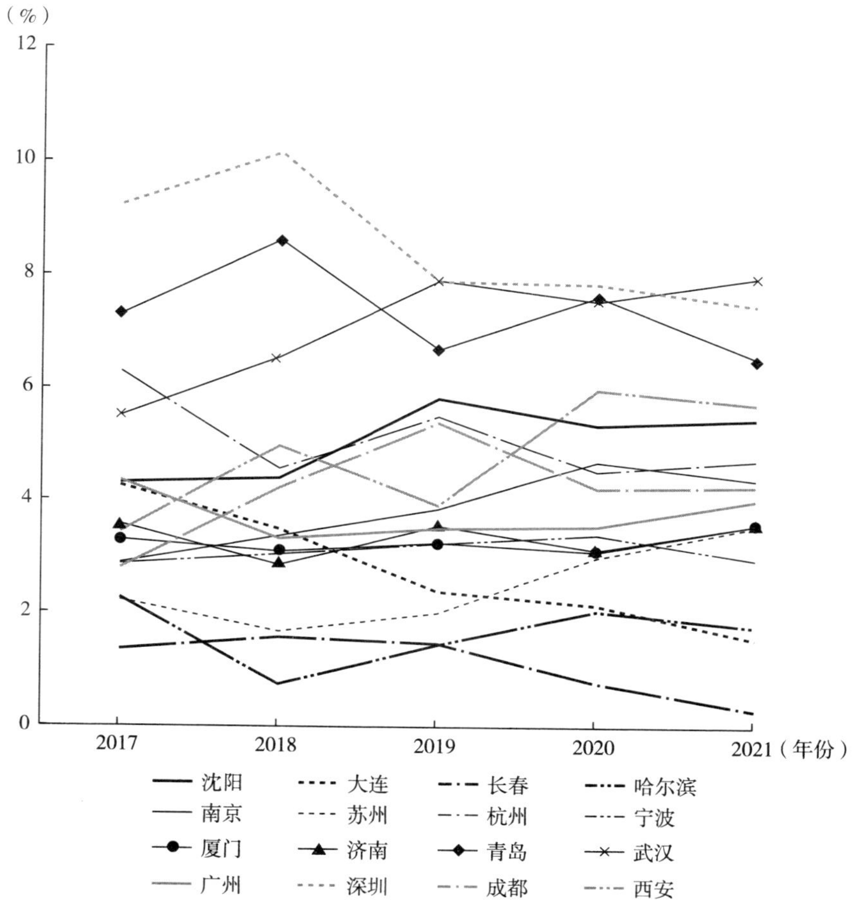

图 2-4　厦门高新区研发投入强度

资料来源：历年《中国火炬统计年鉴》，研发投入强度=高新区研发经费内部支出/高新区工业总产值。

对于厦门存在的龙头企业数量少、研发投入低、创新生态活力不足等问题，不能仅仅从企业研发投入激励不足的角度分析，厦门企业创新存在的问题根源在于厦门的产业结构。

首先，工业发展不充分。工业是研发投入最为密集的部门，是科技创新的主战场，当前厦门企业创新问题在一定程度上是因为厦门工业发展不够充分，工业产值、创新能力等都相对较弱。经典产业结构理论总结了发达国家的历史经验，发现产业结构的转移路径是从第一产业向第二产业再向第三产业转移，制造业产值占国民经济的比重呈现随着经济发展水平先上升后下降的倒U形曲线，最终导致第三产业占比高于一二产业占比。但这些规律揭示的是劳动生产率充分提升、创新能力显著提高以后，产业结构呈现出的一种成熟演变规律。由于历史原因，厦门工业发展先天不足，在工业发展还不充分的条件下，厦门第三产业呈现快速增长，占比超过一二产业，且第三产业占比呈现进一步上升趋势。数据显示，2023年上半年厦门市第一产业增加值为10.48亿元，下降4.1%；第二产业增加值为1413.93亿元，下降6.2%；第三产业增加值为2302.02亿元，增长6.4%。第二产业（工业）占比较低且进一步下降是导致厦门企业创新投入不足的重要原因。这是因为工业是创新投入的重要领域，工业占比较低意味着创新主体（主要指工业企业）较少，创新投入较低，进而会导致科技创新能力较弱。从企业分布上同样可以看出这一问题，根据中国企业联合会、中国企业家协会联合发布的“2023中国企业500强”榜单，厦门上榜6家，而深圳34家、杭州22家、广州17家、苏州9家、宁波8家、嘉兴7家、佛山5家，且厦门入榜企业以地产、贸易居多，只有厦门钨业属于工业领域（见表2-5）。

表2-5　厦门“2023中国企业500强”的行业分布

排名	企业名称	业务范围
21	厦门建发集团有限公司	供应链、房地产
29	厦门国贸控股集团有限公司	供应链、房地产、金融
42	厦门象屿集团有限公司	供应链、物流
283	厦门路桥工程物资有限公司	大宗商品贸易

续表

排名	企业名称	业务范围
454	厦门港务控股集团有限公司	供应链、港口
491	厦门钨业股份有限公司	有色金属

资料来源：本书课题组整理。

其次，具有低研发投入属性的产业占比较高。从工业内部结构来看，除电子信息产业外，厦门主要产业是电气机械、有色金属冶炼等，这些产业技术成熟度相对较高，行业普遍存在研发投入较低的情况，这也在一定程度上导致厦门企业研发投入强度相对较低。统计数据表明，产业本身的研发投入强度存在较大差异，机械、金属冶炼、能源等产业本身研发投入强度较低，厦门这类产业占比相对较高，从而导致厦门企业总体研发水平较低。图 2-5 反映了 2019 年全国规模以上企业细分行业的研发投入强度，从图中可以看出，细分行业研发投入大致可以分为三个梯队：第一梯队是以装备制造业为主的行业，大部分研发投入强度在 1.5%以上；第二梯队是以采矿、金属冶炼与劳动密集型制造业为主的行业，总体呈现重资产、重劳动、轻技术的特点，研发投入强度大部分在 1%左右；第三梯队主要是能源加工业，细分行业的平均研发投入强度在 0.5%以下。从《厦门经济特区统计年鉴》的数据可以看出，电气机械及器材制造、有色金属冶炼和压延加工、专用设备制造等产业在工业总产值中占比较高，这导致厦门企业本身研发投入强度较低。

最后，企业多集中于生产制造等研发投入强度相对较低的产业环节。从特定产业的内部产业链分工来看，虽然作为厦门主导产业的电子信息属于高研发投入强度产业，但是厦门电子信息企业多处于加工制造环节，本身研发投入强度较低。如前文分析，厦门电子信息产业多为台资企业，这些企业将厦门作为生产基地，研发投入强度较低。同时，厦门本地企业也多处于产业

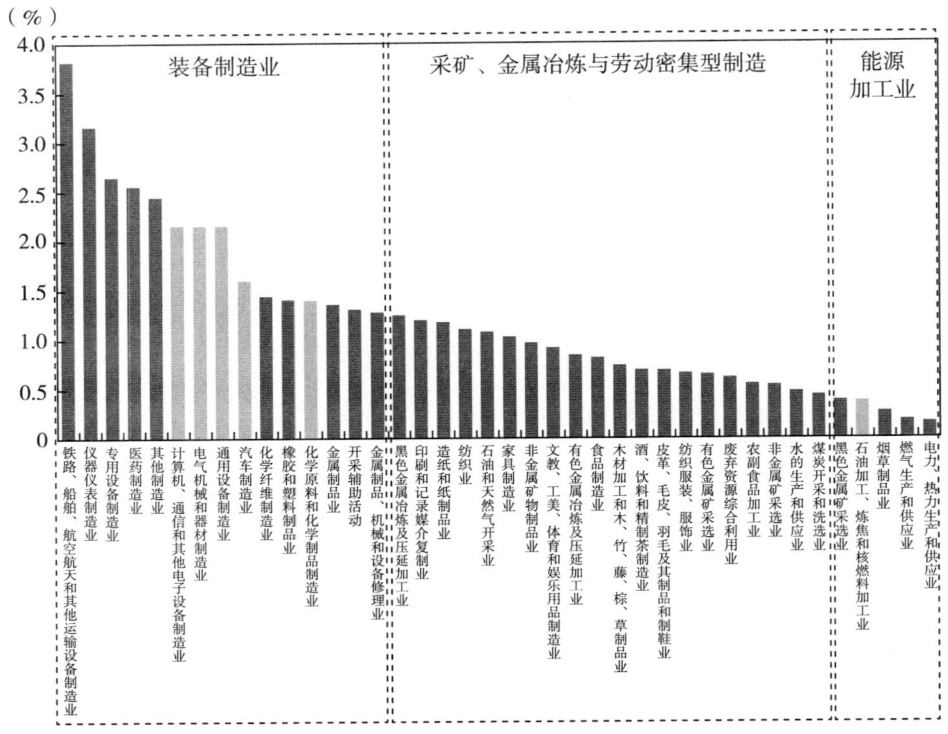

图 2-5　2019 年全国细分行业规上企业研发投入强度

资料来源：《中国科技统计年鉴 2020》，本书课题组总结整理。

链下游环节，研发投入强度也相对较低。

以上原因分析的启示在于，厦门要解决企业研发投入面临的问题不能仅就企业研发而谈企业研发，而要将培育产业创新主体、提升企业创新能力置于产业高质量发展、产业结构优化的大背景下考虑。特别地，要解决制造业占比先天不足、工业发展不充分的问题。从这一角度来看，厦门应确立“工业强市”战略，持续推动厦门工业补课，协同推动企业创新能力提升和工业结构优化。

二、战略思路

针对厦门企业创新主体数量少、研发投入强度低、创新带动能力弱等问题，建议厦门确立“打造具有全国影响力的创新生态”战略目标，以此作为建设区域科技创新中心的战略抓手，推动大中小企业等各类创新主体创新能力和创新生态竞争力全面提升（见图2-6）。与厦门毗邻的长三角、珠三角两大经济圈的显著特征之一就是产业创新生态完善、企业等创新主体创新活力和竞争力强。厦门建设区域科技创新中心乃至打造海峡西岸经济区，都需要把构建具有全国竞争力和创新活力的产业创新生态作为战略重点。此外，解决厦门企业创新主体存在的问题不能就单个企业创新主体的问题而谈问题，而应将其置于提升产业创新生态整体能力的背景下予以协同解决。因此，要以打造具有全国影响力的产业创新生态为战略基点，统筹协同解决厦门企业创新主体面临的问题，促进厦门创新主体能力提升。具体来看，在打造具有全国影响力的产业创新生态这一战略目标之下，要协同解决如下两个方面问题：一是明确大中小企业在创新生态中的地位，解决厦门企业创新主体数量少、研发投入强度低的问题；二是要强化创新生态中不同企业创新主体的互动合作，解决厦门创新主体融通创新不足、创新生态互动频率较低的问题。基于这一思路，本部分认为厦门打造具有区域竞争力的产业创新生态，提升企业创新主体能力应包括如下五个方面战略要点：

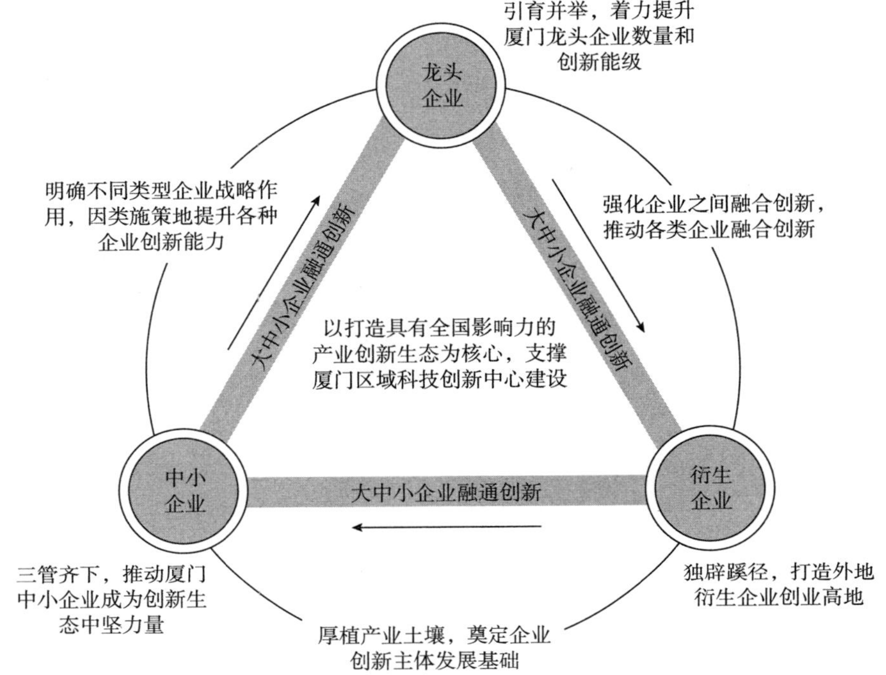

图 2-6　厦门打造具有全国影响力的产业创新生态的战略选择

资料来源：本书课题组绘制。

（一）立足优势，完善厦门特色产业体系

产业是企业发展的载体，企业是产业发展的微观支撑。厦门企业创新主体培育的重要战略就是推动产业结构优化，特别是要推动厦门工业尤其是制造业发展，提供企业创新主体发展的沃土。综合考虑厦门产业存在的问题、新一轮产业变革方向和新型工业化战略部署，建议厦门从如下几个方面加快夯实产业体系：

首先，依托商贸物流产业优势，推动生产性服务业向制造环节延伸，壮大制造业规模，提升制造业能级。商贸物流是厦门四大主导产业之一，也是厦门重点发展的产业。当前，厦门针对商贸物流产业发展的基本战略导向是依托物联网、大数据、5G等新兴数字技术，推动商贸物流产业数字化、智慧化转型，打造现代物流产业。实际上，厦门还可以依托商贸物流产业优势，借助贸易、会展等产业基础，吸引实体产业来厦门发展，推动厦门工业补课，在此方面，可以借鉴临沂经验。作为全国重要的商贸物流之都，临沂依托其商贸物流优势，提出“以商带工、以工兴商、工商联动”的发展战略，并出台《临沂市促进商城地产品制造业高质量发展实施方案》，以商贸物流环节优势推动产业链向制造环节延伸。建议厦门从市级层面出台推动商贸物流产业向制造业延伸、推动制造业规模扩张的发展战略，通过建设物流和制造一体化产业园区，打造产销流一体、布局合理、链条完整、生态优良的产业发展格局。

其次，依托金融服务产业优势，打造新兴技术产业和未来产业发展高地。当前，以智能化、绿色化为特征的新一轮产业变革开启了产业体系和区域经济格局重构的序幕，各地纷纷出台举措，加快推动新兴技术产业和未来产业发展，不仅上海、深圳、浙江等经济发达地区出台了未来产业规划，山西、河南、辽宁等后发地区也将未来产业作为发展重点，例如河南发布《河南省“十四五”战略性新兴产业和未来产业发展规划》，山西发布《山西省“十四五”未来产业发展规划》。尽管厦门也提出发展六大未来产业，但缺乏针对未来产业发展的全面规划和战略抓手。对此，建议厦门一方面要深入分析未来产业技术、经济特征以及发展规律的基础上，明确产业发展的政策和环境需求，找准未来产业发展的政策着力点，因地制宜、因地施策地出台未来产业发展规划和适合未来产业发展的政策措施；另一方面要依托金融服务产业优势，全方位构建适合未来产业发展的投融资体系，打造未来产业发展高地。

这是因为，与其他产业相比，新兴技术产业和未来产业的技术成熟度更低、产业发展的不确定性和风险更高，这就导致产业发展更难获得外部资金支持。发展社会风险投资、政府产业投资基金等多元化投资主体，建立符合未来产业技术经济特征的投融资体系是新兴技术产业和未来产业发展的关键。

（二）引育并举，提升龙头企业数量和质量

龙头企业对区域科技创新生态的巨大带动作用以及厦门龙头企业能级较低的现实，决定了厦门要把引育龙头企业作为完善创新生态的重要抓手。近年来合肥等后发城市崛起的重要经验之一就是引进了京东方、比亚迪、吉利等一大批龙头企业，有力带动了产业创新生态竞争力的提升。厦门建设区域科技创新中心、打造具有区域竞争力的产业创新生态，首先要引育并重，高效推动龙头企业数量提升；其次要精准施策，促进龙头企业内涵式成长，提升龙头企业创新能力。

1. 集中资源，精准招引外地龙头企业入厦

在龙头企业外地招引方面，厦门面临较强的招商竞争，要确立重点领域，集中资源，形成政策合力，通过个性化、更具竞争力的政策精准招引龙头企业，防止“撒胡椒面”的招商模式降低招商效能。龙头企业是重要的稀缺资源，各地通过招商引资吸引大企业的竞争越来越激烈，招引龙头企业的成本越来越高，甚至出现了龙头企业“跑马圈地”的现象。厦门在产业发展水平和产业配套方面相较于长三角、珠三角并不具有优势，同时，财政等政策资源有限。在此背景下，厦门招引龙头企业要确立“集中资源、精准招引”的原则，切勿铺摊子、贪多求快。具体地，建议厦门成立专业化招商队伍，系统梳理优势产业链，绘制产业链图谱和招商图谱，根据本地产业发展情况和产业发展需求，实现龙头企业精准定位、定向招商以及全方位的招商服务。

根据未来产业发展趋势以及厦门产业发展现状，可以将集成电路、新能源、智能驾驶、智能家居等领域作为龙头企业招引重点领域。在招商组织模式和政策支撑方面，建议成立由市委书记和市长挂帅的龙头招商工作领导小组，统筹对全市龙头企业招商重大决策、重大项目和重大问题的领导、会商、协调和督查，从顶层设计上保障龙头企业招商工作的高效决策和便捷服务。

专栏 2-1　新加坡精准招商的重要经验

第一，战略性招商以形成产业生态。新加坡的招商引资工作主要由经济发展局（EDB）负责，EDB 非常注重以晶圆制造为中心招揽价值链上下游企业共建产业生态。从 EDB 的招商名单上看，以美光科技、格罗方德、台积电、意法半导体等芯片制造企业占比最大，基于芯片制造对设备和原料、辅助材料的需求，也招揽了全球领先的设备制造厂应用材料公司（AMAT），最大支撑控管设备公司科磊（KLA），制造薄膜沉积、蚀刻、光阻去除与晶圆清洗等前端制程设备的科林研发（Lam Research），以及制造封装、测试等后端支撑设备的库力索法（Kulicke & Soffa）、林德电子（Linde）等知名厂商。国土狭小的新加坡，难以布局半导体产业所有环节，更无法建成完整的产业链，故其基本思路是以晶圆制造为中心，精挑细选出价值链上不可或缺的特定技术进行招商与布局，在参与融入半导体全球价值链的同时，力争在有限的空间中提升新加坡的话语权。按 EDB 官员在公开场合的发言，新加坡“关注的不是半导体制造商，而是全球的半导体价值链”。

第二，详尽的企业调查以匹配一企一策。EDB 局长助理 Kiren Kumar 对新加坡精准招商经验的总结是“分析技术趋势，审视先进国家的企业动向，精挑细选目标企业”，“把公务当成商务在运作”，通过提供高效的公共服务间接推高产业价值。EDB根据政府谋划的2021~2025年半导体产业开发蓝图，对特定子技术领域进行分析，一旦发现有助于新加坡经济成长的企业，就会对该公司绩效、技术、财务、人事关系进行彻底分析（EDB外派人员甚至能掌握企业内部人际关系和派系斗争等细节情报）。只要政府确立了招商目标，EDB立即会对目标企业拟订招商计划，与企业就所得税减免、工业区租金折扣、研究开发补贴、人才培育补助、水电及营商环境保障等需求进行非公开谈判。一对一非公开谈判的好处，一是让目标企业感受到尊重；二是向目标企业传递政府信号——后续跟进的同类型企业可能无法获得与先驱企业一样的优惠条件，从而一定程度上加快投资落地。

第三，清晰的权责边界以提升引资效率。招商引资工作必然涉及与土地、产业园区开发相关的问题，新加坡对土地运用、招商引资均采用一级政府统一规划、部门专业化分工建设、管理和服务协调相配合的发展模式。新加坡政府规定，由市区重建局（URA）负责科技园区总体规划，由裕廊集团（JTC）统一控制全国工业用地和各类园区的供给与开发建设，在遵守园区总规划和土地总额度的前提下，招商引资工作中具体的宣传、谈判、选址等工作由经济发展局（EDB）及其设于芝加哥、伦敦、巴黎、东京、上海、孟买的海外办事处统一负责。这种集中管理和分工明确的方式，可以避免招商过程中次级政府间恶性竞争和不同管理部门间政策不同步的现象，提升园区开发和招商引资效率。

资料来源：课题组根据新加坡经济发展局网站资料整理。

2. 提升政策针对性，高效推动本地龙头企业培育

在龙头企业本地培育方面，主要有两方面政策思路：一是鼓励和支持龙

头企业集团在厦门投资增量业务，推动厦门从企业生产基地向新兴业务研发中心转变。当前在厦龙头企业多是外地集团的子公司，这些企业将厦门作为生产基地，本地研发投入低。这一长期存在的问题在企业现有的业务结构和布局下很难解决，也就是说，通过将这些企业的研发中心从外地迁入厦门，解决本地研发投入低的问题很难实现。一个可行的方案是在新兴产业和新兴业态方面，引导和支持外资企业、龙头企业的集团总部将新兴业务的研发、孵化放到厦门，进而实现企业本地化研发、本地化孵化、本地产业化，提升厦门在新兴技术和业务上的研发水平和区域竞争力。当前正值新一轮产业革命加速演进阶段，新业态、新产业不断涌现，企业挖掘、抢占新业态的内在动机较强。厦门要充分把握这一机遇，在电子信息、电气制造等优势产业领域，强化与宸美光电、友达光电、ABB、施耐德等龙头企业的合作，鼓励龙头企业与厦门科研机构和本地企业等开展新兴技术研发和新兴业态培育，帮助和支持企业开拓新业务，构建未来产业新增长极。在电子信息方面，建议厦门立足光电显示产业集群试点城市和光电产业发展潜力优势，强化与宸美光电、友达光电的合作，协同制定光电产业发展规划，抢占光电产业领域发展机遇；在电气机械方面，建议厦门紧抓数字化、智能化转型机遇，强化与ABB、施耐德等龙头企业的合作，研究智能家居开关、智能灯具等新兴产业发展态势，支持企业在厦门发展新业态。二是要健全大中小企业梯度培育体系，制定实施“小升规、规改股、股上市”企业成长激励政策体系，促进中小型企业向龙头企业梯度跃进。根据中小企业成长面临的问题，精准强化政策供给，破除企业成长、业务发展面临的约束，激发企业“升、改、上”的内源性动机。中小企业在发展过程中面临人才匮乏、经营水平不高、管理体制不规范等问题，建议聚焦问题，以中小企业咨询援助机制为抓手，促进中小企业成长提速，强化人才支撑，切实支持中小企业提高经营水平，建立现代管理制度，加快小升规、规改股、股上市步伐。一是强化人才支撑，建议“专精特新”等优质中小企业建立人才引进绿色通道，支持企业引进和培育“高精尖缺”人才和高水平科技研发团队，开展职业技能培训；二是强化中小企业经营管理培训，扩大中小企业经营管理领军人才选拔培训范围，建立针对高层管理人员、中层管理人员、技能人才在内的多层次经营管理培训体系；三是通过专题培训、咨询援助等方式支持中小企业建立现代管理体系，建立和完善各项管理制度，建立公司治理结构，提升决策科学性。

（三）三管齐下，强化中小企业创新发展动能

当前，厦门针对中小企业发展出台了大量政策，包括税收减免、社保缓缴、融资支持等。这些政策在推动中小企业发展方面起到了积极作用，但仍存在政策系统性和适配性不足的问题。据课题组的调查和研究，销售收入在2亿元以下的企业主要面临的是“生存”问题，而销售规模在2亿元以上的制造业企业则基本完成了资本原始积累，其面临的主要困难是“发展”问题。解决这两类问题所需要的政策举措是不同的：对于“生存”问题，需要政府积极为中小企业扩展市场空间、降低运营成本，提升企业的盈利能力；对于“发展”问题，则需要政府为企业提供技术创新支撑和服务支撑，增强企业创新发展能力。基于以上分析，建议厦门从降低企业成本、强化公共服务支撑、扩大市场空间三个方面三管齐下，构建支撑中小企业创新发展的全方位政策体系。

1. *以差异化举措降低中小企业三类成本*

中小企业经营成本主要包括要素成本、税费成本和行政成本，这三类成本的特征和影响因素不同，应根据不同成本类型，出台差异化降成本措施。在要素成本方面，土地和劳动成本长期上升的趋势总体上是外生的，特别是

劳动成本，政府可以调控的空间很小。在金融成本方面，中小企业融资难、融资贵是经济学和经济政策实践中的永恒问题和各地面临的普遍问题，大力发展具有信息搜寻优势的中小金融机构，以及由政府提供中小企业贷款担保、提高中小银行再贷款再贴现额度、发展面向小微企业的信用类融资工具和供应链金融产品等，是当前各地的普遍做法，也是厦门降低中小企业融资成本的主要做法。由于市场主体信用体系还很不完善，贷款机构和资本市场无法为市场主体融资开展有效定价，中小银行的信息搜寻优势无法有效转化为融资成本优势。事实上，我国城市农商行、村镇银行等中小银行对小微企业的贷款成本显著高于大型股份制银行；而政策性金融也更多的是将金融风险由市场主体向纳税人转嫁而难以有效发挥作用。基于此，为从根本上解决市场主体融资难、融资贵的问题，建议厦门在打通各类商业性数据和公共数据的基础上，建立完善的市场主体信用体系，形成有效的直接融资和间接融资定价机制。对于影响市场主体经营成本的税费成本和行政成本，建议厦门针对重点扶持和培育的新兴产业，在积极落实减税降费政策之外，针对处于不同生命周期的企业，出台有竞争力的税收减免和返还政策。同时，大力优化营商环境，切实降低行政性收费和中小企业行政成本。具体地，以云计算服务为核心的信息化技术为精简行政流程提供了技术性方案，建议厦门切实推动政府上云用云，完全可以通过优化政府行政流程而降低各类市场主体的行政成本。

2. 完善中小企业公共服务平台

针对市场主体的降成本政策固然重要，然而，降成本等帮扶性政策仅提高了各类市场主体创业、生存的概率，政策本身并不能提升市场主体的发展能力和竞争力。此外，如果扶持资金多以“撒胡椒面”的方式拨付到量大面广的中小企业主体，对纾困作用实际上非常有限。从经济发展的一般规律来看，经济发展的过程一定是各类生产要素成本持续上涨的过程，培育壮大市场主体根本上还是要通过提高市场主体自身的效率和竞争力来消化生产要素成本上涨的压力。对此，相关政策除了要关注降成本，还应通过构建完善的公共服务平台体系，切实提升中小企业的技术能力和经营管理能力。目前，厦门已经建立了类型多样的中小企业服务平台，然而这些服务平台实际产生的效果有限。造成这种状况的主要原因是目前的服务平台建设存在“重技术创新、轻技术扩散，重资金投入、轻体制建设”问题。各类创新机构（高校、共性技术研发机构、国家重点实验室等）都定位于基础研究、前沿技术或共性技术的创新，促进先进适用技术在广大企业特别是中小企业推广扩散的功能在既有的国家创新体系中是缺失的。相比之下，发达市场经济国家则将为中小企业提供技术和管理服务置于十分重要的位置，如日本的“技术咨询师”和澳大利亚的“管理顾问”项目通过培育、认证专门的具备丰富生产管理经验和现代工艺知识的专家队伍，为中小企业提供质量管理、现场管理、流程优化等方面的咨询与培训，而美国则主要依托由大学、协会、科研院所共同组成的“制造业扩展合作”计划网络来促进先进适用技术的采用。此外，厦门公共服务平台在治理结构和组织管理方面也存在缺陷，主要表现为由政府投资并运营的服务机构具有一定的公益性但存在效率不高和能力不强的问题，这类服务机构为中小企业提供的公共服务多局限于检验检测服务，而依托企业建设的服务机构又普遍存在公益性不够的问题。针对以上两类问题，建议厦门依托海内外高层次人才，新建工业技术研究院，研究院除了针对本地主导产业的共性技术攻关外，还定位于推动先进适用技术特别是工艺技术向区域内中小企业扩散应用。日本东京大学制造管理研究中心的研究显示，即便是在制造水平全球领先的日本，如果在中小企业中进一步推广和深化精益管理，仍然可以帮助这些企业提升6%~13%的生产效率。

3. 多措并举扩展中小企业市场空间

市场需求是拉动中小企业发展的原动力。在全国经济下行压力不断加大，居民消费意愿下降、储蓄意愿增强的背景下，厦门中小企业创新和发展面临的问题更多来源于市场需求端。作为外向型经济区，2023 年上半年厦门的外贸出口陷入负增长，同比下降 1.1%。根据媒体统计数据①，厦门中小企业的订单接收情况不容乐观，以出口降速最严重的 6 月（-20.1%）为例，有 36.2%的受访企业表示出口订单有所减少，45.8%的企业表示订单维持不变，仅有 18.0%的企业表示订单有所增加。因此，当前厦门除了要从成本端、公共服务平台方面为中小企业发展提供支撑外，更需要从扩大市场消费角度为中小企业发展提供原动力。考虑到未来总体经济形势，扩大市场空间的需求措施更为紧迫。

（四）独辟蹊径，打造衍生企业创业高地

大企业内部员工辞职创业形成的衍生企业（Spinoff）是技术创新的重要力量。与高校学生、科研人员等创业不同，衍生企业的创始人对技术、产业、市场拥有更加丰富的经验，不仅创业成功率高，而且往往具有较强的技术创新能力，有些创业企业也能与原公司形成互补，助力产业链发展。正因如此，深圳、上海等区域科技创新中心以及华为、阿里等龙头企业都支持促进企业内部员工创业，发展衍生企业。衍生企业往往是从大公司内部分化出来的，厦门龙头企业数量少、能力低等问题导致厦门本地企业产生衍生企业的现象并不明显，但在调研中发现，有些外地龙头企业的员工会选择将厦门作为创业地，在厦门发展衍生企业。例如，课题组调研的晓瑜智能科技有限公司的创始人原来就是杭州阿里公司总部的员工，离职后选择在厦门创业，开展中

① https://business.sohu.com/a/707990647_523366.

小企业数字化转型服务。访谈对象表示，类似于这种外地龙头企业员工在厦门创业的案例并不在少数，这些衍生企业创始人主要看中厦门两方面的优势：一是相比北京、上海、深圳而言，厦门产业竞争没有那么激烈，产业配套相对完善，具有综合竞争优势；二是厦门市场需求空间大，尤其是数字化应用场景较为丰富，且用户认知水平相对较高。实际上，深圳等城市发展迅速的重要原因就是衍生企业的大规模发展。因此，建议厦门充分利用自身优势，打造外地企业的衍生企业创业高地。

在战略实施层面，建议厦门以强化优势、提供衍生企业个性化需求为核心，营造适合创业者发展的城市空间，打造衍生企业创业高地。具体地，一是要进一步强化厦门在要素成本、市场需求、区位制度等方面的优势，形成衍生企业创业高地。厦门要紧抓海峡两岸合作重大战略机遇，以对台区位和制度优势为核心抓手，强化大规模市场需求优势、对外开放优势以及要素成本和产业配套优势，梳理厦门适合衍生企业发展的条件，加大宣传力度，形成衍生企业创业高地的外界形象。二是根据衍生企业发展需求，配套个性化、全流程的企业发展政策支撑体系。衍生企业虽然创新能力强、发展潜力大，但也面临规模小、抗风险能力弱、要素缺乏等问题。对此，厦门要充分开展衍生企业创新需求调查研究，了解衍生企业需求，对照已有政策措施，找出需要进一步强化的政策措施空间。调研过程中，访谈者表示，制约企业发展的主要因素是人才和资金。建议厦门针对普遍存在的人才、资金问题，研究制定专项政策，开展专项行动，解决制约企业和产业发展的共性问题。三是以创新街区为抓手，营造适合创业者发展的热土。当前，产城融合已成为城市发展的重要主题，但这一概念整体相对宏观，很少触及城市空间的微观肌理，可能造成大尺度城市空间内部的职住分离；创新街区则更进一步，重在产业空间和居住空间、公共空间、创新空间的自然交织，有助于在小尺度城市空间的微观层面将产城融合落到实处，创造满足创业者需求的城市空间。关于以创新街区推动厦门衍生企业发展的详细政策建议将在第三部分详细分析。

（五）创新机制，打造大中小企业融通创新示范区

大中小企业融通创新，形成开放、具有活力的企业创新生态是提升区域科技创新能力的战略重点。在国家促进大中小企业融通创新的战略部署下，厦门积极出台政策措施，开展全国“百场万企”大中小企业融通对接活动暨全国“十城千企”中小企业数字化服务行等活动，有力促进了大中小企业融通创新。但从当前现状来看，大中小企业融通创新的政策多侧重于搭建大中小企业需求对接平台和信息发布平台层面，没有根据大中小企业融通创新的特征，出台针对性措施，从而导致大中小企业融通创新的内在激励不足，融通创新仍停留在表面。

对此，要在深入分析大中小企业融通创新的具体形式、创新合作模式、创新内在机制等问题的基础上，根据大中小企业融通创新的差异化形式和合作要求，构建支持大中小企业融通创新的针对性政策措施，打造大中小企业融通创新示范区。具体而言，建议厦门采取差异化支持战略，根据大中小企业融通创新的三种类型，出台支持大中小企业融通创新的政策措施。

第一，专用需求满足型融通创新，即大中小企业融通创新的目的在于满足某一企业（一般是大企业）的技术或产品需求。这种类型的融通创新往往由大企业主导，由于是满足自身技术需求，因此大企业也有动力与中小企业融通创新。这种融通创新面临的问题主要包括如下几个方面：一是信息匹配问题，即如何有效促进信息交流，实现大企业需求信息发布和中小企业技术能力供给的有效对接；二是大企业使用中小企业技术或产品的外部性问题，

即某些中小企业技术相对不够成熟，需要大企业采购实现技术迭代，推动技术成熟度提升；三是中小企业如何获取大企业的技术知识，在大企业的支持下实现技术能力提升。针对这些问题，对于这类融通创新的政策着力点在于构建大中小企业技术交流平台、强化大企业采购中小企业产品的激励、鼓励大企业与中小企业开展联合创新。

第二，共性需求满足型融通创新，即大中小企业融通创新的目标不是满足某一企业的专用需求，而是满足行业共性需求，开发行业共性技术。这类融通创新往往具有公益性质，主要以共性技术研发机构、制造业创新中心、技术创新中心的形式出现。厦门通过共性技术研发平台实现融通创新主要存在如下两方面问题：一是共性技术研发机构的供给不足；二是共性技术向中小企业的扩散不足，共性技术研发机构开放性不够。对此，厦门应该以提升共性技术研发机构的技术供给能力和技术扩散能力为核心，加快推动共性技术研发机构改革，把共性技术研发机构打造为大中小企业融通创新的重要载体。

第三，系统集成型融通创新，即大中小企业融通创新的目的是发挥各自技术能力，通过互补创新，组团向市场提供技术或产品解决方案。这类融通创新随着数字经济的发展而出现，主要是设备供应商、互联网供应商等不同类型的企业向其他企业提供数字化解决方案。随着数字化转型的不断发展，上海、深圳、重庆等地企业组团提供数字化解决方案逐渐成为一种新的商业模式，也成为促进大中小企业融通创新的重要抓手。例如，上海大力推动数字化转型方案企业融通创新，打造智能制造系统解决方案输出地。目前，厦门通过数字化解决方案集成实现大中小企业融通创新的案例较少，缺乏龙头企业牵引、整合各个数字化解决方案供应商，从而形成可向市场输出的数字化解决方案。考虑到未来数字经济发展的系统化、集成化特征，厦门应加快

推动数字化解决方案的发展，通过发展这种新兴业务模式促进企业融通创新。具体地，其政策着力点有三点：一是聚焦厦门优势产业领域，发展数字化解决方案业务。考虑到厦门的产业优势，可以将智能家居作为重点领域，推动ABB 等龙头企业牵引产业链提供智能家居解决方案。二是推动构建数字化解决方案产业联盟，促进相关企业形成合作。三是给予采用数字化解决方案的用户一定的补贴，拉动数字化解决方案业务发展（见表 2-6）。

表 2-6　不同类型融通创新的特征和政策着力点

融通创新类型	融通创新面临的关键问题	支持融通创新的政策着力点
专用需求满足型融通创新	√ 信息匹配问题，即如何有效实现供需信息对接 √ 大企业使用中小企业技术或产品的外部性问题 √ 中小企业如何获取大企业的技术知识	√ 强化供需双方的对接 √ 鼓励大企业采购技术成熟度相对较低的产品，促进技术迭代升级 √ 鼓励大企业向中小企业开放创新资源，促进企业合作研发
共性需求满足型融通创新	√ 共性技术研发机构的技术研发能力不足 √ 共性技术向中小企业扩散的能力不足	√ 推动共性技术研发机构改革，提升共性技术研发机构活力
系统集成型融通创新	缺乏龙头企业牵引、整合各个数字化解决方案供应商，从而形成可向市场输出的数字化解决方案	√ 搭建示范平台 √ 推动形成产业联盟 √ 通过补贴牵引市场需求

资料来源：本书课题组绘制。

三、政策建议

（一）实施厦门创新主体"量质并提"专项行动计划

如何推动厦门各类创新主体量质并提、协同增效是厦门打造区域科技创新中心需要解决的重要战略问题之一。尽管厦门市出台了诸多政策文件（参见第一部分），但各部门政策缺乏协同、政策工具较为分散，且缺乏有关企业创新主体培育和发展的系统性规划。为此，建议围绕厦门打造区域科技创新中心的战略需求，推动科技部、工业和信息化部、国家发展改革等部门协同合作，研究制定《厦门创新主体“量质并提”三年行动计划》，以此统领厦门创新主体培育，形成促进企业创新主体培育和发展的全方位政策措施。

一是推动科技企业与业内龙头企业（尤其是在厦门设有分公司的龙头企业）、高校、科研院所的合作和对接，有针对性地提供“一对一”帮扶，将优势资源向优势企业、骨干企业倾斜；通过“双招双引”、集群配套合作、资源和技术开发等多种手段，发展壮大一批科技型、专业型、配套型企业。二是针对有意向在各类资本市场上市和挂牌的本土“种子企业”，搭建融资对接服务平台，并积极拓展融资服务生态链，形成上市一批、辅导一批、储备一批的动态创新资源循环。三是以开放心态鼓励本土企业“走出去”。鼓励厦门本土企业以及省内企业在厦门设立高能级的研发中心，依托泉州、漳州、龙岩等周边城市的工业基础设立生产基地，探索以厦门为科技创新中心、以周边城市为先进制造基地的融合发展。四是给中小企业提供生存环境和空间，允许其自然发展演化，通过自由竞争、优胜劣汰，最终培育出有创新能力的“小巨人”企业、“独角兽”企业。

（二）谋划实施原始创新和关键核心技术突破工程

改革开放以来，我国制造业发展的路径基本可以概括为“应用创新+规模创造”，即在国外底层技术的基础上进行应用创新，凭借市场规模、区域资源和成本优势快速实现规模扩张和产业集聚。但是，当前美国等发达国家不断加大对我国的科技打压和关键底层技术管控，我国资源、成本等优势也不断减弱，传统发展路径很难支撑制造业由大变强。在此背景下，“原始创新+多样探索”的发展路径成为普遍共识，即要强化基础研究，提升原始创新能力，促进多样化的新兴产业不断涌现。深圳、广州、苏州等城市是制造业传统发展路径的先行者、受益者和领先者。在制造业发展路径整体转型以及先发地区已形成领先优势的条件下，厦门很难在制造业传统发展路径上实现制造强市，但是可以率先探索并引领“原始创新+多样探索”的产业发展新路径。

对此，建议厦门以打造基础研究特区为抓手，全面提升厦门基础研究能力。一是加快研究出台《厦门基础研究高质量发展规划》，强化对基础研究的顶层规划部署。二是加大对企业基础研究的支持，通过基础研究加计扣除、基础研究补贴、政府与企业建立基础研究联合基金等方式，引导龙头企业加大基础研究投入。三是依托电子信息、机械装备等领先优势，发挥龙头企业带动作用，打造细分产业领域基础研究创造中心。四是推动实施关键核心技术分级分类攻关，系统梳理各产业领域关键核心技术，形成关键核心技术清单，通过揭榜挂帅、创新联合体等方式，推动关键核心技术突破，提升产业原始创新能力。

（三）高效推动数字技术创新和创新主体数字化转型

1. 聚焦厦门企业数字化转型面临的问题，精准实施数字化转型

在数字经济加速发展的背景下，提升企业数字化水平，是促进企业整合创新资源、提升创新能力的重要抓手。但当前厦门企业数字化转型滞后，究其原因在于如下两个方面的矛盾：

其一，数字化转型需求与数字化方案供给的矛盾。中小企业在数字化转型过程中对软件、解决方案等数字化供给具有较大的需求，但这些需求又具有多样化、个性化、碎片化的特征，例如同样是客户管理软件（CRM），服

装企业和餐饮企业的需求就不一样，不同规模企业的需求也不一样。然而当前从全国范围来看，能满足厦门中小企业需求的数字化解决方案的供应商是缺乏的，能力也十分不足。

其二，厦门企业的商业观念和数字化时代的商业模式存在矛盾。厦门企业普遍具有“重硬件、轻软件，重产品、轻服务”的商业观念，信息化、数字化的思路局限在自购硬件、自建数据中心，认为看得见的东西才是自己的、才是安全的。但是，数字化时代的商业模式是以“服务化”为核心的，各种商业模式都在向服务化转型，如软件服务化、数据中心服务化。

所以，厦门中小企业数字化转型的政策设计要着力破解以上两个矛盾，尤其是要加快培育基于云服务的数字化解决方案生态体系，从供给侧为中小企业数字化转型提供支撑。首先，要紧抓当前传统软件向服务化软件转型的机遇，加快发展 SaaS 软件。这一方面可以培育一批深耕云服务软件的中小企业，另一方面也可以加快推动厦门中小企业数字化转型。具体地，可以通过政府补贴的方式，鼓励企业使用 SaaS 软件，通过需求牵引，加快培育大中小云服务软件企业梯度发展、协同共进的产业格局。其次，高效推动数字技术创新和创新主体数字化转型。中小企业数字化转型要打破两个方面的知识壁垒：一是打破企业内部各部门之间的知识壁垒，推动企业业务流程再造和管理模式变革；二是打破云服务提供商与中小企业之间的知识壁垒，促进针对中小企业的数字化转型方案创新。为此建议：推动厦门行业协会、龙头企业牵头建立中小企业数字化转型联盟以及云服务协同创新平台，强化中小企业、云服务提供商以及其他产业主体的互动交流和协同创新；依托厦门中小企业公共服务平台，聚集数字化解决方案供应商、云服务企业等主体组建中小企业数字化转型诊断指导小组，为中小企业数字化转型提供专业化诊断和个性化转型方案设计。

2. 打造数字化解决方案发展高地

建议厦门依托制造优势和应用场景优势，在机械、家居等领域打造海峡西岸智能制造系统解决方案供应地，推动优势制造向“生态化制造”转型。以ABB、施耐德等龙头企业为抓手，整合相关头部企业，打造智能制造系统解决方案供给高地。在具体实施层面，首先，建议建立智能制造系统解决方案的供应商培育库，重点培育能够提供贯通行业、企业、车间等多层次架构体系的智能制造整体解决方案的供应商。对于入库企业，优先列入国家和本市系统解决方案供应商培育计划；在申请国家智能制造专项、本市新兴产业扶持计划、高端装备制造产业扶持计划等财政专项资金时给予优先考虑；在人才引进、土地等方面给予倾斜支持；在银行贷款、融资租赁等金融服务方面优先向银行、融资租赁公司、风险投资机构等推荐。其次，建议实施工业互联网平台和云化软件“双培工程”，加快培育基于细分行业的工业互联网平台、低代码开发平台，扶持满足中小企业个性化需求的工厂运营、企业管理等云化软件。

（四）全方位打造适应衍生企业创业发展的优质环境

一是以创新街区建设为抓手，打造适应衍生企业发展的优质生活、工作环境。建议厦门积极融入全球科技创新中心建设，转变产业集聚先行的“园区型”发展思路，引入“产业空间与居住空间交织、高技术就业与生活服务并重”的城区创新发展思路，将打造创新街区作为产城融合的重要抓手和实现更高水平创新发展的新平台，建设更多形式新颖、促进创新创业活动以及多元化、跨领域人群交流的公共空间和创新空间，为创意的迸发与实施提供资源基础。第一，借助PPP模式，建设以公共创新中心为代表的办公型公共空间。可供借鉴的模式包括收费的剑桥创新中心模式、免费的微软NERD模式、购买非营利运营商服务（政府提供财政补贴）的波士顿街区会堂模式等。第二，促进街区功能混合，塑造紧密关联的社交型公共空间，发挥社交型公共空间在集聚人气、促进沟通和激发创新活力方面的催化剂作用。在商业地产开发项目中，政府可以尝试增加对价条款（如当商业开发项目达到一定的财务门槛时，开发商必须配套建设公共空间等），推动商业项目向促进创新的方向倾斜。

二是提供满足衍生企业创业者需求的人才环境。第一，以市场化机制优化优质教育配套功能。大力推进高水准公立学校建设，引入重点和知名学校分校，以“民办公助”机制支持建设国际学校和民办学校，同时试点凭人才工作证解决子女入学问题，解决衍生企业创业者的子女教育问题。第二，推动多部门联动，构建工作、生活全场景、全覆盖的衍生企业创业者人才服务体系。建议由组织部、人社厅牵头，会同编制委员会办公室、教育厅、科技厅、公安厅、财政厅、住建厅、交通厅、文旅厅、民族事务委员会等相关部门，联合制定“厦门人才服务绿色通道”，为来厦人才发放“厦门人才卡”，提供全方位的人才服务。

三是构建满足衍生企业创业需求的公共服务体系。第一，加快培育更多风投市场主体，推动风投“募投管退”全环节高质量发展，完善创新投资、风险投资环境，为衍生企业创业提供更加完善的外部融资体系。第二，进一步加大公共创新服务平台建设力度，从创业孵化器、中试平台、测试认证平台、创业培训等方面，全方位构建衍生企业创新服务体系。第三，通过谋划打造衍生企业创新峰会、全球创业峰会等国家级、国际级创新创业会议，聚集各地产业人才，向外界传递厦门大力推动创业和衍生企业发展的战略定力和决心，打造“衍生企业创新高地”的城市名片。

子报告3：厦门创新要素集聚战略

近年来，厦门针对人才、资金、技术、数据要素集聚出台了一系列政策举措，形成具有较强辐射带动作用的区域创新增长极，为厦门打造国家区域科技创新中心提供了重要支撑。但是，厦门在推进创新要素集聚过程中也面临很多问题：高端人才集聚的吸引力不强、产业人才短板明显、高校毕业生潜力仍未完全释放；科技研发投入不足、科创金融支持体系有待健全；产学研结合不够紧密、技术交易市场不够活跃；数字基础设施建设仍需加快、数据孤岛现象仍然存在、数据要素市场交易机制有待完善。围绕要素集聚存在的四类问题，厦门要确立人才强市战略、金融活水战略、技术引领战略、数据融通战略四大创新要素集聚战略，并重点从以下三个方面入手，加快推进厦门创新要素高度集聚，助力国家区域科技创新中心建设：一是大力引进优质高等教育资源；二是充分利用“创新飞地”模式促进创新要素集聚；三是积极打造数据要素产业集聚区。

一、厦门创新要素集聚的特征事实

（一）主要政策举措

1. 人才要素

近年来，厦门出台了一系列针对不同类型人才的政策措施，旨在进一步吸引和集聚大批人才，形成具有国际竞争力的创新人才高地，为厦门建设国家区域科技创新中心提供坚实的人才保障。

厦门先后推出“双百计划”“海纳百川”等人才计划政策，近年来持续升级优化“群鹭兴厦”人才工程，打造“金鹭领航”“银鹭腾飞”“青鹭英才”“新鹭萌芽”“飞鹭合鸣”人才政策矩阵，全面激发科技创新人才活力。“金鹭领航”聚焦高层次领军人才，出台了《厦门市引进顶尖人才和重大团队项目一事一议实施方案（试行）》，对诺贝尔奖获得者、“两院”院士、国家最高科学技术奖获得者等顶尖人才或携带具有国际先进水平技术成果产业化项目来厦落户的创业团队，可通过“一事一议”方式给予1000万元至1亿元项目资助。“银鹭腾飞”聚焦重点产业和社会事业拔尖人才，根据厦门市经济社会发展现状，出台或修订了一系列产业（行业）人才引进政策，如《厦门市重点产业紧缺人才计划实施办法》《厦门市软件和信息服务业人才计划暂行办法》《厦门市金融人才计划实施办法》《厦门市教育人才引进实施细则》等。“青鹭英才”聚焦青年创新创业人才，出台了《青年英才“双百计划”暂行办法》，加大力度实施青年英才“双百计划”和博士后创新人才支

持计划，加快引进杰出青年人才和培育青年创新创业人才。“新鹭萌芽”聚焦应届毕业生，从落户政策、生活补助、住房补贴、就业创业扶持等方面完善相关政策措施，吸引更多具有发展潜力和活力的优秀毕业生来厦门创业。“飞鹭合鸣”聚焦柔性人才群体，出台了《关于实施柔性引进人才激励支持若干措施的通知》，进一步完善柔性引进人才工作机制，不断拓宽人才引进渠道。

在台湾地区人才引进方面，厦门充分发挥对台区位优势，坚持“先行先试”，对台湾地区人才扶持力度保持领先，先后出台《进一步推进台湾特聘专家（专才）制度实施意见》《关于进一步鼓励和支持台湾青年来厦实习就业创业的若干措施》《厦门市金融人才计划实施办法》《厦门市打造台胞台企登陆第一家园第一站的若干措施》等政策措施，惠台人才政策实现对高端领军人才、专业人才、创业青年、毕业生等的全覆盖。同时，持续开展在厦就业台湾人才申报认定专业技术职务任职资格工作，目前已在工程、经济、卫生、农业、艺术五个行业实现对台职称评审工作，有效打通人才引进通道。

在国际人才引进方面，实行更加开放便利的外籍人才引进管理制度，持续推进“i海归”全球引才行动，通过举办金砖国家科创人才大讲堂、金砖人才创新创业大赛、海外创业大赛等活动加强与外籍人才交流合作。持续探索服务外籍人才新机制新模式，设立国际留学人员创业就业基地，在全国率先开展外籍人才专业技术、技能水平评价试点，为外籍人才来厦发展提供“一站式对接、全链条跟进”服务。

2. *资金要素*

近年来，厦门重点从财政投入、信贷、融资担保、股权投资等方面推动资金要素集聚，多措并举助力厦门打造国家区域科技创新中心。

在财政投入方面，坚持将科技作为财政支出的重点领域，持续加大财政科技的投入力度，确保财政对科技投入只增不减；出台了《厦门市人民政府关于优化企业研发费用补助政策的通知》（厦府规〔2020〕15号）、《厦门市关于进一步推动企业加大研发投入的若干措施》（厦科规〔2023〕1号）等文件，进一步加大对企业研发费用补助的扶持力度；此外，充分运用“财政政策+金融工具”的方式，扩大中小微企业融资增信基金、技术创新基金、首贷续贷增信子基金等基金规模，通过财政贴息、信用担保等形式，支持企业技术改造、研发创新，缓解厦门市部分科技企业融资难、融资贵、融资慢的问题。

在信贷扶持方面，先后出台了《关于银行业保险业高质量服务“专精特新”中小企业的指导意见》《关于切实加强纾困政策执行有效缓解小微企业融资难融资贵问题的通知》等政策，鼓励辖内金融机构通过单列信贷计划、专项考核激励等方式，加大对拥有专利、商标等“轻资产”科技企业的金融支持力度；鼓励金融机构推出科技担保贷、科技保险贷、科技信用贷等创新金融产品，加大对科技型中小微企业的扶持；同时，出台《厦门市政府性融资担保实施办法》，鼓励政府性融资担保支持科技型企业发展，符合条件的科技型企业，申请的政府性融资担保业务可由政府、银行及担保公司三方进行风险共担。

在股权投资方面，对于投资厦门企业的基金给予1%的奖励，对于投资厦门中小微企业的基金因投资失败造成的损失给予风险补助；并于2022年12月出台《厦门市加快基金业发展若干措施》，进一步鼓励基金“投早、投小、投本地、投科技”；2022年新组建厦门科技创新创业引导基金，采取“子基金+直接投资”的方式引导社会资本“投早、投小、投本地、投科技”，首批参股设立10只子基金，总规模超过23亿元；同时，通过市、区产业引导基金的两级联动，引入了经纬创投、梅花创投等专注于“投早、投小”的基金管理机构，为厦门市的初创型、早中期科技型中小企业提供便利的股权融资支持。

3. 技术要素

近年来，厦门重点从科技成果转化、培育发展技术转移市场、促进技术要素与资本要素融合发展等方面加快推动技术要素集聚，助推厦门打造国家区域科技创新中心。

在科技成果转化方面，厦门持续深化科技成果使用权、处置权和收益权改革，开展赋予科研人员职务科技成果所有权或长期使用权试点。2022年6月，厦门出台《厦门市高等院校和科研院所科技成果转化综合试点实施方案的通知》（厦科联〔2022〕13号），确定厦门理工学院、厦门医学院两所市属高等院校和福建省亚热带植物研究所、厦门市医药研究所两家科研院所作为科技成果转化综合试点。试点单位以点带面推动建立“先赋权、后转化”的职务科技成果转化新模式；赋予成果完成人（团队）科技成果所有权的，实施单位与成果完成人（团队）可以约定共同共有或者按份共有；健全以增加知识价值为导向的收益分配机制，支持实施单位聘用在专业技术岗位上的科研人员按照有关规定离岗创业、在职创业或者到企业兼职从事科技成果转化，打造“研、需、供、用”科技成果转化链。同时，进一步加大财政支持力度，积极鼓励创新主体及科技人员转移转化科技成果，对企事业单位签订的技术开发、技术转让、技术咨询、技术服务合同，经认定登记后，年实际技术交易金额在3000万元及以下部分按0.8%给予奖励，超过3000万元部分按0.2%给予奖励，每个单位每年奖励金额最高为100万元。

在培育发展技术转移市场方面，大力加强技术转移机构市场化建设，出台《厦门市人民政府办公厅关于印发厦门市促进科技成果转移转化若干规定的通知》，进一步鼓励国内外高校、科研院所与企业联合在厦门设立技术转移机构，架构高校、科研院所与企业技术需求、产业发展需求的对接通道，构建厦门市优秀科研成果展示的重要载体，推动“产、学、研、用”深度融合发展；同时，依托国家技术转移人才培养基地（厦门），建立技术转移人才职业培养体系，提高技术转移专业服务能力，营造有利于科技成果转移转化的良好市场环境；激励技术转移机构开展技术经纪活动，对其促成科技成果在厦门转移转化落地的，在企业完成技术合同登记并实际履约后，按技术交易实际支付额的3%奖励技术转移机构，单个项目最高不超过20万元，其中奖励持证技术经纪人不少于50%（每家机构每年奖励金额最高为100万元）。

在促进技术要素与资本要素融合发展方面，积极探索科技保险、科技担保贷款、知识产权证券化等方式推动科技成果资本化；鼓励商业银行采用知识产权质押、预期收益质押等融资方式，为促进技术转移转化提供更多金融产品和服务；出台《厦门市科技信贷及保险扶持管理办法》，安排风险补偿资金，承担贷款本金损失的40%，为金融机构风险托底，加大信贷支持力度；与24家银行、担保机构、保险公司等合作，发放科技担保贷款、科技保证保险贷款、专利权质押贷款等科技金融产品，开展关键研发设备保险等9个品种的科技保险业务；建设厦门市科技金融服务平台，推出科技信用贷款、科技型小微企业转贷款、闽西南科技板等新产品。

4. 数据要素

近年来，厦门通过强化顶层设计、加快建设数字基础设施和数据资源体系等推动数据要素集聚，更好地促进厦门打造国家区域科技创新中心。

一是强化顶层设计，制定政策法规。2022年发布的《厦门经济特区数据条例》聚焦公共数据的汇聚、共享、开放、开发，以及数据要素市场培育，对数据管理和发展体系、数据安全、数据的应用与发展等内容做了详细规定，以经济特区法规的形式提升和保障数据治理能力。《2023年数字厦门工作要点》则进一步明确了数据要素市场建设的实施细则。

二是加强数字基础设施建设。制定和推进实施《厦门市推进新型基础设施建设三年行动计划（2020–2022年）》，将新型基础设施体系作为现代化基础设施八大体系之一，一体部署、一并推进；深化“双千兆”网络建设，加快推进厦门5G通信网络建设；强化国际互联网数据专用通道应用，推进厦门鲲鹏超算中心提质扩容，加快厦门数字工业计算中心建设；增强数据基础支撑能力，完善公共数据服务门户，实现公共数据“一本账”展示、“一站式”申请、“一平台”调度。

三是加快建设数据资源体系。加强数据汇聚治理，进一步打通不同部门之间的数据库，推动建设商务、工信、国资监管等专题库，丰富完善医疗健康、政务服务、生态环保、应急管理等主题库；强化数据共享开放，开展公共数据开放应用场景征集遴选，通过举办数据开发利用竞赛，孵化一批创新应用成果和标杆应用；加快数据高效流通，培育数据商和第三方专业服务机构，健全数据资产评估、登记结算、交易撮合等市场运营制度；推动公共数据与非公共数据融合应用，以交通、停车场等公共数据汇聚、开放为试点，打造城市级公共交通整体解决方案。

（二）主要成效

1. 人才要素集聚成效显著

厦门深入推进人才强市战略，全方位培养、引进、用好人才，人才要素集聚取得显著成效，各类人才成为引领科技创新发展的生力军。截至2022

年，厦门人才资源总量达155万人，2022年新引进国际化人才2700余名，新认定高层次人才1819名，吸引7万余名大学毕业生来厦门就业创业，再度获评“中国年度最佳引才城市”。厦门先后实施九批台湾特聘专家（专才）评选制度，累计610名台湾地区人才入选台湾特聘专家专才，其中专家211名、专才399名。厦门国际化人才数量突破5.6万人，外籍人才永居申请量保持全省第一，多次入选“外籍人才眼中最具吸引力和潜力的中国城市”，“‘四个一’构筑外籍人才集聚高地”做法入选科技部科技体制改革典型案例。

2. 资金要素加速向创新主体集聚

厦门充分发挥财政政策、金融政策和资本市场优势，实现资金要素向创新主体集聚。2016~2022年，厦门累计拨付研发费用补助资金52.44亿元，拨付企业11914家次，并且申报企业数和研发费用额每年均呈现大幅增长趋势，是截至目前企业受惠面最大、补助资金到位最及时的财政扶持资金。截至2023年6月末，科技型企业贷款余额为892.69亿元，同比增长36.82%；科技型中小企业贷款余额为218.79亿元，同比增长32.35%；科创企业贷款余额为176.30亿元，同比增长27.27%。截至2023年8月，厦门政府性融资担保机构为科技型企业提供融资担保总额23.34亿元，在保余额14.85亿元。目前，厦门产业引导基金共参股超60只可投资科技型企业的子基金，共投资厦门企业近300家，投资金额近300亿元。2022年，厦门共有6家高新技术企业A股上市或过会。

3. 技术要素成果转化成效明显

厦门加速发展技术要素市场，加快推进科技成果转化为现实生产力，技术要素集聚带来的成效不断显现。2022年，厦门共认定登记技术交易合同7271项，较上年同期增长3.13%；技术合同成交总额134.2亿元，较上年同期增长5.58%。厦门引导激励企业转化应用高质量科技成果，2022年认定高新技术成果转化项目471项，同比增长44.5%，相关项目预计可为企业带来年销售收入590.4亿元。目前，厦门市共有技术转移机构12家，2022年共拨付技术转移机构开展技术经纪活动奖励金466万元。厦门先后投入1000多万元支持国家科技成果转化示范基地——科易网搭建互联互通全国性网上技术交易市场，该平台累计实现网上签约项目9742项、技术交易额61.42亿元。厦门依托国家技术转移人才培养基地（厦门），2022年共开设初级技术经纪人培训班7期、中级技术经纪人培训班1期，培养初级、中级技术经纪人达1249人次。截至2023年6月末，厦门知识产权质押融资贷款余额为18.67亿元，同比增长39.12%；当年累放贷款金额为9.73亿元，同比增长28.87%；当年累放贷款150户，同比增长45.63%。

4. 数据要素集聚价值逐渐显现

厦门积极培育数据要素市场，促进数据有序流动和开发利用，数据要素集聚带来的创新效能显著提升。2022年，厦门5G基站总数（10978个）、每万人拥有5G基站数（20.8个）等信息基础设施主要指标全省第一，网络质量全国领先，重点场所5G网络通达率100%。厦门国际互联网数据专用通道建成并投入使用，已服务企业139家，网络平均丢包率降低87.4%，访问时延减少22.5%，更好支撑外向型园区和外向型企业出海发展。星火·链网超级节点（厦门）正式发布上线，完成主链应用及公共服务网络建设。厦门工业互联网标识解析二级节点开通运营，接入企业391家，标识注册量3.7亿条，日均解析超12万次，落地产品溯源、供应链管理等标识应用。厦门已建成人口、法人、信用、证照、自然资源和空间地理五大基础数据库，累计汇聚基础数据及各区、各部门业务数据超60亿条。厦门政务信息共享协同平台实现全市在用政务信息系统（涉密除外）应接尽接，支撑多规合一、免申即享、白鹭分等130多个业务应用，日均调用200万次。厦门大数据安全开放平台以“可用不可见”方式，已开放45个部门5亿多条数据，支撑普惠金融、信易贷等52个应用场景以及中国人工智能大赛等赛事活动。

（三）主要问题

1. 人才引育留存在短板

在人才要素集聚方面，厦门主要存在三个问题：一是对高端人才集聚的吸引力不强。相较于北上广深等城市，厦门产业集聚效应不强、产业发展内生创新动力不足，加之高额的生活成本、教育医疗资源相对缺乏等不利因素，特别是在国内各城市间人才“争夺战”愈演愈烈的背景下，厦门对高端人才的吸引力呈现下降趋势，人才引进效果与实际需求差距过大。二是产业人才短板明显。目前，厦门的集成电路、新能源、新材料等行业均面临产业人才紧缺的困境，这些行业的快速发展导致对于专业人才的需求急剧增加，但厦门本地高校理工学科建设起步较晚，本土人才培养严重不足，并且较高的生活成本也制约了引才留才工作成效，产业人才缺乏已成为制约厦门产业创新发展的重要“瓶颈”。三是高校毕业生的潜力仍未完全释放。相较于国内其他同类型城市，厦门高校院所规模偏小，“985”“211”高校仅1所、普通高等院校16所（广州、武汉、西安、成都分别为83所、83所、63所、57所）。从2022年我国重点城市在校大学生数量排名来看，厦门仅21.16万名在校大学生，在重点城市中排名第30位。并且受到厦门产业体系与学校优势学科专业匹配度不高、本地就业容量有限、生活成本较高等因素的影响，厦门高校毕业生留厦工作的意愿并不强。以厦门大学为例，作为全省唯一的国家“双一流”建设高校，2022年6000余名毕业生中，留厦比例仅为24.3%，远低于四川大学（39.3%）、南京大学（33.6%）等同级别高校。

2. 资金要素对科技创新的支撑效应不强

在资金要素集聚方面，厦门主要面临以下两个方面的问题：一是科技研发投入有待提升。在全国15个副省级城市中，厦门全社会研发投入占地区生产总值比重以及财政科学技术支出占一般公共预算支出比重均处于中游位置。2021年，厦门全社会研发投入占地区生产总值比重为3.2%，与深圳、西安的5.49%、5.18%还存在较大差距；财政科学技术支出占一般公共预算支出比重为4.77%，低于武汉、成都、深圳、杭州、宁波的8.58%、8.37%、8.36%、7.51%、6.75%。科技经费投入不足导致无法有效支撑厦门科技创新工作高速发展。二是金融与科技创新融合程度不够。厦门创投机构数量较少，且创投资金主要来源于政府出资平台、政府引导基金、上市公司等；银企信息不对称现象普遍存在，银行缺乏完整的数据为企业精准画像，企业信贷获得率受限；科技型企业轻资产、高知识资产、高迭代，同时具有高成长性、高风险性，传统商业银行获利模式难以实现风险收益平衡；金融产品和服务相对单一，小微金融产品的客户覆盖面有限，投贷联动存在制度障碍；围绕企业全生命周期，产投基金与科创基金的“接力棒”机制还有待建立健全。

3. 技术要素成效释放不足

在技术要素集聚方面，厦门存在的问题主要体现在以下两个方面：一是产学研结合不够紧密。厦门的高校院所侧重基础、前沿研究，在成果落地、产业化以及与企业的需求对接等方面比较薄弱，高校院所的科技成果转化机制还有待完善。《中国科技成果转化2021年度报告（高等院校与科研院所篇）》中的数据显示，厦门列入高校转化科技成果合同金额百强的高校院所仅厦门大学（第51位）、集美大学（第86位）两席；厦门大学、集美大学技术交易合同金额分别为4.1亿元、2.1亿元，与清华大学（32.1亿元）、浙江大学（26.9亿元）、北京理工大学（26.3亿元）、四川大学（16.8亿元）、华中科技大学（15.1亿元）、西安交通大学（12.7亿元）存在明显差距。二是技术交易市场不够活跃。目前，厦门技术交易市场面临市场参与主体数量较少、参与程度不高等问题。与国内其他重点城市相比，厦门的认定登记技术合同总额和认定登记技术交易合同等指标均存在较大差距。2022年，厦门认定登记技术合同总额为134.21亿元，远低于广州、深圳、杭州、武汉的2645.54亿元、1575.68亿元、1114.72亿元、1355.25亿元；认定登记技术交易合同为7271项，远低于广州、深圳、杭州、武汉的23389项、14685项、28002项、32466项。此外，高质量的技术转移示范机构和技术经纪人数量不足也制约了厦门技术交易市场繁荣壮大。

4. 数据要素市场建设有待完善

在数据要素集聚方面，厦门主要面临以下三个问题：一是数字基础设施建设仍需加快。厦门新型基础设施建设缺乏系统性和整体性，缺少长远规划，建设力度还远远不够，网络基础设施建设水平、数据中心和计算平台规模、重大科技基础设施能级与国内领先水平相去甚远。二是数据孤岛现象仍然存在。受体制机制障碍和数据安全因素的影响，厦门不同行业、不同部门之间的数据互联互通存在困难，相当一部分数据要素仍然处于孤立状态，没有形成良好的数据生态和数据协同方式，数据作为关键创新要素驱动数字经济发展的作用尚未充分发挥。三是数据要素市场交易机制仍有待完善。目前，厦门的数据要素市场交易刚刚起步，尚未有独立的数据交易场所，也没有形成完善的数据确权、数据定价、数据交易、数据安全等市场化机制，数据提供者、数据需求者、专业化数据商以及第三方服务机构等数据交易市场的参与者数量严重不足。

二、战略思路

（一）人才强市战略

牢固确立人才引领发展的战略地位，加大人才引进力度，进一步加强人才培育，持续优化人才发展生态环境，构建覆盖顶尖人才、领军人才、骨干人才、基础人才、柔性人才的多层次创新人才梯队，增加人才的宽度、高度和厚度，激发人才活力，全面打造区域科技创新中心的人才高地。

1. 加大人才吸引力度

集聚世界一流科技创新人才。依托高能级创新平台、重大科技项目，如“海洋负排放”（ONCE）国际大科学计划，吸引全球顶尖科研人才开展科研工作。探索通过“薪酬谈判制”招募高端人才团队。对诺贝尔奖获得者、国家最高科学技术奖获得者和“两院”院士等顶尖人才、重点团队，通过“一事一议”方式给予资助。引导高校院所面向海内外招聘高层次人才，试点柔性引进领军人才团队连续3年稳定科研经费支持机制。加快引进国际法务人才、知识产权人才、项目经理、产业投资人、技术经纪人等科技服务人才。

强化重点产业领域科技人才支撑。围绕集成电路、新能源、新材料、生物医药等重点领域，加快形成科技创新人才集聚效应。制定重点领域紧缺人才（科技类）目录并实行动态调整，将目录所列人才纳入优先引进和服务范围。建议突出首席科学家“头雁”作用，每个重点产业遴选1~2名首席科学家，给予连续5年科研经费支持。加大对重点行业创新平台、重大科技专项、创新实验室的扶持力度。

加大对优秀青年科技人才扶持力度。持续推进青年英才“双百计划”，每年安排专项资金用于引进杰出青年人才。试点对35周岁以下、首次在厦门加入研发机构的优秀博士免评审直接给予市自然科学基金青年创新项目支持。优化科技奖励结构，加大对一线科技人员和青年科学家的奖励力度，鼓励青年科学家开展前沿探索研究，勇闯科学基础理论“无人区”。支持国家级创新基地、新型研发机构“择优滚动支持”重点领域青年人才。探索推行青年人才“推荐制”，扩大青年科技人才支持范围，给予长期、稳定的经费支持。选拔海内外优秀博士予以重点培养，扩大博士后创新人才支持计划影响力和覆盖面。

加大对台湾地区人才引进的支持力度。完善台湾特聘专家、专才制度，大力引进集成电路、智能制造、生物科技、文化创意等台湾优势产业高端人才，促进两岸产业融合发展。做强做大一批对台特色产业园区，加快建设海峡两岸集成电路产业合作试验区、厦门两岸数字经济融合发展示范区，吸引台湾地区科研机构和科研人员在厦门创新创业，推动台湾先进科技成果在厦门落地转化。鼓励两岸企业和民间资本参与建设两岸青年创业基地，根据引进台湾创业企业和吸引台湾创业就业青年数量，给予基地相应奖励。

2. 加强人才培育

大力培育拔尖创新人才。支持在厦高校院所优化学科布局与建设，培养一批创新型基础研究人才和高素质应用型人才。聚焦基础学科及前沿交叉学科，基于厦门大学优势学科建设人才培养高地，在国内外高校遴选一批有志向、有兴趣、有潜力的优秀本科生和研究生，实行长周期、接续式培养，培育基础学科未来科学家。引导华侨大学、集美大学、厦门理工学院等高校加快提高研究水平，建设一批“高峰”“高原”学科，优化学科结构，加大拔尖创新人才培养力度。围绕厦门重点领域和紧缺产业，加强相关学位授权点的培育和建设，根据产业需求提升人才供给数量和质量。调整优化研究生培养结构，继续适度扩大专业学位点规模，进一步满足经济社会发展的人才需求。

加强专业技能人才培养。推动校企合作“订单式”人才培养模式，开展校企“联合招生、联合教学、联合实践”为特色的现代学徒制试点，培养更多高素质技术技能人才。在高校推广企业导师制，鼓励高精尖产业和前沿科技领域企业设立博士后科研工作站。支持在厦高校院所、新型研发机构和科技服务机构与国外知名大学合作培养科技复合型人才。围绕厦门重点产业紧缺人才，支持领军企业与职业院校共建工程学院及技术技能大师工作室。

3. 营造良好人才发展环境

赋予人才更大自主权。扩大科研经费使用自主权，以信任为前提赋予顶尖人才充分的人财物自主权和技术路线决定权。做好科研机构访问国际学术网站的安全保障服务。减少不必要的评审评价等各类活动，保障科研人员的科研实践。

畅通科技人才渠道。充分发挥人才作用，提升人才使用效能，促进高校院所、创新企业等不同主体的人才有序流动和协调发展。鼓励高校院所科研人员离岗创业、开展科技成果转化，吸引企业人才担任“产业导师”。实施“产研交融”行动，鼓励高校院所、医疗卫生机构和高新技术企业科技人才通过挂职、兼职、项目合作等方式实施双向流动，促进技术互通、需求共享和人才互补。

提升人才服务水平。进一步深化“留厦六条”政策，制定人才服务保障政策，坚持分类施策、精准服务，优化各类人才住房、子女教育、医疗保险等服务。持续优化外籍人才服务管理举措，推动探索更加便利的外籍专业人才执业、居住等制度，全力构筑开放包容的外籍人才集聚高地。

（二）金融活水战略

充分发挥资金要素对科技创新的支撑作用，建立以财政科技投入为引导、社会投入为主体、多层次资本市场为支撑，覆盖科技创新全过程以及企业成长全周期的资金支持和保障体系，为区域科技创新中心建设提供强有力的金融支持。

1. 加强财政科技投入保障

加大财政科技投入力度。市、区人民政府应当逐年加大财政科技投入，重点支持基础研究、重大共性关键技术研究、社会公益性技术研究、科技成果转化等科技创新活动。拓宽基础研究经费投入渠道，鼓励社会资本投向基础研究，探索共建新型研发机构、联合资助、捐赠等多元化投入方式。支持企业出资与市级财政资金联合设立科技项目，引导和鼓励企业加大对基础研究和应用基础研究的投入力度。加强财政科技投入统筹联动，优化整合相关专项资金。完善财政科技投入分类管理，加快推进经费“包干制”改革试点。

2. 创新金融科技产品供给

在依法合规、风险可控、商业可持续前提下，优化科技信用贷款、科技担保贷款、科技保证保险贷款、科技保险等科技金融服务体系，引导银行、担保机构、保险机构等为科创企业提供多样化、低成本信贷融资产品，大力推广科技信用贷款、科技担保贷款、科技保证保险贷款、科技保险、科技成果转化基金等新型科技金融产品。创新知识产权融资模式，加强投贷联动、投担联动、科技保险等金融服务模式创新。大力推进厦门科技企业信息平台建设，共享工商、社保、知识产权、税务、海关、水电等信息，建立符合科创小微企业特点的信用评估体系，完善金融机构与科技企业信息共享机制。

3. 打造多层次资本市场

以建设两岸金融中心为契机，完善科技金融服务环境。在集成电路、生物医药、新能源、新材料等重点领域，充分发挥科技创新创业引导基金、产业引导基金等政府股权投资基金的撬动作用，引导和带动社会资本投入创新活动。培育多层次股权投资基金体系，加大创新创业资本的多渠道供给，扶持种子期投资、天使投资、风险投资等各类创业投资基金集聚发展，壮大基金规模，提高基金活跃度、区域密度与集中度，吸引更多人才、技术、项目落户厦门。积极发挥厦门两岸股权交易中心的引导作用，推动企业通过多层次资本市场上市融资。

（三）技术引领战略

不断优化技术资源配置方式，着力破解科技成果转化的体制机制“瓶颈”，进一步提升技术要素市场化配置能力，提升科技成果转化活跃度与技术交易质量，增强科技创新供给能力，为区域科技创新中心建设提供更多核心动能。

1. 深化科技管理改革

建立适应不同类型科研活动特点的管理体制和运行机制。深入推进科技领域“放管服”改革，优化科技项目管理机制，优化基础研究、应用基础研究、应用研究和成果转化及产业化的经费投入结构，建立以研发质量、成果转化为导向的科研投入综合评价制度。优化科技项目生成机制，探索公开竞争、定向委托、“揭榜挂帅”等新型项目组织形式，加大对非共识项目的支持力度。在基础研究领域选择部分高校院所、医疗卫生机构及市自然科学基金试点开展科研项目经费“包干制”，赋予科研人员更大经费使用自主权。对于试验设备依赖程度低的智力密集型科研项目，进一步提高间接费用核定比例和加大人员绩效支出激励。引导自由探索与问题导向研究相结合，赋予科研人员更大技术路线决策权、经费支配权和资源调动权。

2. 推进科研院所体制机制创新

加快推进现代科研院所改革，扩大高校院所、医疗卫生机构、创新实验室等科研单位在科研活动中选人用人、科研立项、经费使用、成果处置及其收益分配、职称评聘、设备采购等方面自主权。进一步深化科技成果转化综合试点，推动试点单位建立健全相应的决策机制、管理制度和工作流程，加强科技成果转化与国资管理、税收政策、知识产权等制度体系的衔接统筹。推动探索对高校院所等科研单位实行不同于一般事业单位的管理制度，对科技人员实行不同于行政干部的管理方式。强化创新绩效导向，支持市属高校院所探索试行年薪工资、协议工资、项目工资等更加灵活的薪酬制度。推进事业单位类新型研发机构体制机制创新，对从事战略性、前瞻性、颠覆性、交叉性领域研究的事业单位类新型研发机构，不定行政级别，不定编制，不受岗位设置和工资总额限制，实行综合预算管理，探索实施经费使用负面清单管理，构建充分体现知识、技术等创新要素价值的收益分配机制，完善相应的机构注册、资产配置等机制。支持厦门产业技术研究院发起设立不纳入机构编制管理的事业单位或企业类新型研发机构，组建投资管理机构，打造推动全市产业创新发展的重大支撑平台。

3. 提升技术要素市场化配置能力

支持高校院所建立技术转移专职机构，加速挖掘和释放科技成果转化价值。成立厦门市高校院所科技成果转化服务中心，市、区共建科技成果转化基地，提升科技成果就地转化率。吸引国内外知名高校院所、企业、科技服务机构来厦门设立产学研协同创新中心、技术转移中心和技术转移服务机构。培育市场化、专业化技术转移机构，鼓励开展专利运营、科技评价、概念验证、技术投融资等技术转移服务，实现品牌化、规模化、国际化发展。持续推进国家科技成果转化服务（厦门）示范基地建设，加快建设中国技术交易所厦门海丝科创服务中心、国家技术转移人才培养基地，争创国家科技成果转移转化示范区。大力推广“互联网+技术转移”模式，构建全国领先的网上技术交易中心。实施“技术经纪人养成计划”，推动开展技术经纪专业职称评聘工作，面向海内外吸引技术经纪人来厦门挂牌执业或“云执业”，促进第三方服务提供商的发展，繁荣技术市场。

（四）数据融通战略

进一步发挥数据生产要素作用，深化数据资源开发共享，加快培育数据要素市场，激活数据要素价值，做强做优做大数字经济，促使数据要素成为推动经济高质量发展的新动能。

1. 加快建设数据资源体系

加强数据汇聚共享和开放开发，强化统筹授权使用和管理，推进互联互通，打破“数据孤岛”。开展公共数据治理顶层设计，研究制定“一数一源”、数据汇聚治理、数据开发利用等标准规范和配套制度。市大数据中心开展公共数据归集、清洗、共享、开放、治理等活动，确保数据合规使用。市大数据中心开展公共数据资产登记工作，持续组织完善和更新公共数据目录，依托市大数据安全开放平台和可信可控的区块链底层技术体系，建立公共数据资产基础台账，做到“一数一源”、动态更新和上链存证，推动公共数据资产化全流程管理。强化数据共享开放，鼓励公共数据在保护个人隐私和确保公共安全的前提下，按照“原始数据不出域、数据可用不可见”的要求，以模型、核验等产品和服务形式向社会提供，对不承载个人信息和不影响公共安全的公共数据，推动按用途加大供给使用范围。推动用于公共治理、公益事业的公共数据有条件无偿使用，探索用于产业发展、行业发展的公共数据有条件有偿使用。依法依规予以保密的公共数据不予开放，严格管控未依法依规公开的原始公共数据直接进入市场，保障公共数据供给使用的公共利益。

2. 打造具有厦门特色的区域数据要素交易中心

充分利用自由贸易试验区、自主创新示范区、海丝核心区等多区叠加优势以及对台优势，结合金砖国家新工业革命伙伴关系创新基地、厦门软件园国家数字服务出口基地等数字出口基地获得的数字产品需求信息，把厦门建设成为全国“金砖”、“海丝”、对台等特色数据要素的重要交易中心，要积极对接长三角经济圈与粤港澳大湾区，促进区域数据交易中心与国家级数据交易中心互联互通，同时要积极纳入“东数西算”国家算力网络枢纽体系，助力东部需求有序引导到西部算力。

3. 大力培育数据要素流通和交易服务生态

围绕促进数据要素合规高效、安全有序流通和交易需要，培育一批数据商和第三方专业服务机构。通过培育数据商，为数据交易双方提供数据产品的开发、发布、承销和数据资产的合规化、标准化、增值化服务，促进提高数据交易效率。在新能源、新材料、生物医药等重点行业领域，大力培育贴近业务需求的行业性、产业化数据商，鼓励多种所有制数据商共同发展、平等竞争。有序培育数据集成、数据经纪、合规认证、安全审计、数据公证、数据保险、数据托管、资产评估、争议仲裁、风险评估、人才培训等第三方专业服务机构，提升数据流通和交易全流程服务能力。

三、政策建议

（一）大力引进优质高等教育资源

高校院所是科技创新的重要策源地，通过发挥其在人才、科技、学科等方面的优势引领作用，能够为厦门建设区域科技创新中心提供有力支撑。针对厦门面临的优质高等教育资源稀缺、高能级平台不足、高层次科技人才匮乏的发展“瓶颈”，当前最有效的方式是大力引进优质高等教育资源，通过建设高水平大学分校、研究院、研究生院、二级学院、技术转移中心等机构以及加大中外合作办学力度，提升厦门创新活力和人才聚集能力，打造厦门创新驱动发展核心增长极。

一是加强战略规划引领。厦门应尽快出台专项战略规划，明确引进境内外优质高等教育资源的目标定位、发展规模、综合实力以及学科建设水平等。规划的制定与实践，应当统筹融入《厦门市“十四五”教育事业发展专项规划（2021-2025 年）》《厦门市“十四五”科技创新发展规划》之中，同时也应深度对接福建省中长期高等教育改革发展和“双一流”建设的战略规划与方案。厦门要抓住国家和福建统筹推进一流大学和一流学科建设的战略机遇，积极争取办学和管理的政策支持，通过规划布局，着力引进境内外优质高教资源，切实推动厦门高等教育的跨越式和国际化发展，为城市发展提供人才和科技创新的支撑，不断提升高等教育对厦门打造国家区域科技创新中心的贡献程度。

二是注重引进方式的合理性。厦门应根据合作对象的不同需求和层次特点，并基于自身的发展基础以及战略规划布局，采取有针对性的、灵活多样的引进及共建合作方式。目前，国内其他城市引进境内外优质高等教育资源的方式主要有四种：第一，建立分校区，建设高水平大学，一般由地方政府和境内外知名大学合作共建，建立某大学的分校校区，而这些校区的建立往往都以原先已经合作共建的高端研究机构或研究生院等为基础，如北京大学深圳校区、香港中文大学（深圳）。第二，中外名校联合与地方政府合作，新建高水平大学，一般是由一所国内知名大学携手一所或者多所国际高水平大学开展国际合作，并与地方政府合作新建一所高水平大学，如深圳北理莫斯科大学。第三，地方政府与中外名校共建特色学院，旨在合力打造具有国际化、开放式、小而精等鲜明特色的国际一流学院，如清华-伯克利深圳学院、天津大学-佐治亚理工深圳学院。第四，共建高端研究机构，围绕城市技术创新和产业发展需求，地方政府与国内知名高校共建研究院等高水平研究机构，如青岛市政府近年来先后与清华大学、同济大学、西安交通大学、吉林大学等国内知名大学共建了一批高端研究机构。在具体实践过程中，可以借鉴深圳引进优质高等教育资源的发展路径——“研究院—研究生院—分校区”，即先合作共建高端研究机构（研究院、研究中心），接着在研究机构基础上扩充高端人才培养职能、合作共建研究生院，然后再以研究机构、研究生院为基础合作建立高水平大学分校区，成为完全功能的大学实体。此外，厦门在引进境内外高等教育资源过程中应充分考虑现有基础，盘活现有大学及研究机构存量，在合作共建中充分发挥现有本土大学的学科、专业、研究平台和校园基础设施优势。

三是强化引进学科专业与产业发展需求的有效对接。立足厦门战略性新兴产业和未来产业发展需求，统筹引进高等教育机构和优势学科专业，促进科教融合，助力厦门打造国家区域科技创新中心。结合厦门高校现有学科布局、实力，以及产业发展趋势和对人才、科技的需求，重点在海洋开发、生物医药、人工智能、集成电路、新能源、新材料等领域引进境内外高水平大学和高端研究机构的优势学科专业，打造一批“高峰”“高原”学科，优化厦门学科专业建设布局，加强应用学科与行业、专业的协同联动，实现学科专业发展与地方产业发展深度融通、相互支撑，着力培养能够适应和引领新一轮科技革命和产业变革的拔尖创新和产业紧缺人才，不断提升高等教育服务厦门经济社会发展的能力。

四是加大政策支持力度。厦门应加大财政资金和办学用地等支持力度，更好地吸引优质高等教育资源来厦门办学。在资金补助方面，安排专项资金用于支持新引进的高等教育机构建设，对于引进并正式运行的国内外优质高等教育机构给予补助；在引进高等教育机构的同时引进高端研发机构的，经认定符合厦门市高端研发机构引进条件的，给予厦门市高端研发机构引进专项资金支持。在办学用地支持方面，扩大高等教育土地供给，优化高等教育布局，加快翔安国际科教区规划建设。在配套服务方面，通过引进高等教育机构来厦门的高端人才，符合厦门市“双百计划”“海纳百川”“群鹭兴厦”人才计划的，享受同等的奖励和支持政策。对引进的高等教育机构，落户地的区政府、开发区管委会要按规定对其教学科研活动、建设用地、人才公寓、房屋租赁、税收、机构设置等给予优惠政策，并提供高层次人才及其子女、配偶落户等配套服务。

（二）充分利用创新飞地模式有效利用外部创新要素

创新飞地是指打破行政区域界限，在创新资源丰富的地区设立跨区域创新合作平台、项目孵化平台等，最终将孵化成功的项目导流回本地，实现产业化落地。在厦门创新资源紧缺、科技竞争力不足的背景下，创新飞地模式能够借助飞入地在人才、技术、资金等方面的优势，实现创新资源空间上的高效配置，成为推动厦门创新要素集聚的重要手段之一。目前，厦门已启用首个创新飞地——厦门科学城（北京）创新成果培育基地，未来还将持续拓宽项目源，在上海、武汉、深圳等创新资源富集城市新布局若干创新飞地。为持续提升创新飞地的辐射带动作用，应进一步完善创新飞地的长效合作机制。

一是出台专项发展规划，促进创新飞地建设。由于创新飞地分属两个行政区域，因此在政策协同方面存在一定的壁垒，需要政府加强统筹协调、规划保障，增强创新飞地的辐射带动作用。因此，厦门应尽快出台相应的创新飞地专项发展规划，强化与飞入地在基础设施、产业发展、科技创新、市场统一、制度安排等领域的互联互通、共建共享，以规划引领飞地建设，进而建立起政府间常态化的沟通机制，为产业融合、创新协同和区域协调发展奠定扎实基础。

二是加强城市合作，破解飞地建设利益共享难题。创新飞地建设离不开厦门与飞入地政府的共同支持，但创新飞地建设首先需要解决税收分成、GDP 统计等问题，这就需要两地政府加强沟通与协作，力争在跨区域经济核算、财税分成、土地资源统筹等方面有所突破，共同助力创新飞地建设。一方面，可以建立健全跨区域创新飞地建设的联席会议制度，通过有效协商来解决飞地建设中的税收共享、GDP 统计等问题，从跨区域体制机制创新改革中进行有效探索。另一方面，通过联席会议制度积极争取中央政策支持，力争在跨区域经济核算、财税分成、土地资源统筹、环境容量调剂补给等方面先行先试，例如建立存量税收留存各地、增量税收按比例分成的税收分配制度等。

三是借力国际创新飞地，加快嵌入全球创新网络。创新飞地需要进一步拓展范围，不能仅局限于国内创新资源富集的区域，还必须积极向海外拓展，能够承接国际产业链转移，融入全球创新网络。一方面，可以借鉴美国硅谷、日本筑波科学城、以色列特拉维夫等国际创新高地的创新飞地合作模式，将飞地“飞”出国门，在港澳地区以及新加坡、德国等共建“一带一路”国家布局一批离岸研发中心、孵化器、实验室，形成全球创新网络体系。另一方面，在合作建设创新飞地过程中，厦门应当瞄准国际市场，借助创新飞地导入全球高端创新资源。譬如，以弹性工作制吸引国际高层次人才，积极引进知名创投机构、科技中介服务机构、知识产权服务机构等在厦门设立分支机构，提升本地创新创业服务能力等。

（三）积极打造数据要素产业集聚区

厦门应按照立足厦门、辐射东南、服务全国、链接全球的总体思路，积极畅通数据要素市场化流通渠道，创新数据要素开发利用机制，培育数据要素服务领军企业，构建数据要素前沿应用场景，完善数字信任生态体系，打造具备强大数据策源能力、资源配置功能、行业赋能效应的数据要素产业集聚区，推动数据要素产业发展，促进数字红利释放，提升数字经济质量，推进产业数字化转型，努力将厦门打造成为数据要素高度集聚、高效配置、高速增值的数据要素产业高地。

一是布局“一港三园一平台”数据要素产业集聚区。“一港”即探索建立厦门国际数据枢纽港，打造国际数据产业创新集群。“三园”分别是：软件园一期，依托科技金融平台，打造具有中国影响力的金融数据产业引领区；软件园二期，以元宇宙产业为特色，打造元宇宙数据产业集聚区、生态引领区以及场景示范区；软件园三期，以大数据、人工智能赋能新兴产业为导向，打造数据要素产业应用场景与商业模式创新高地。“一平台”是特色数据交易平台，优先培育特色数据细分领域交易市场，以数据要素的高效配置带动厦门数字经济发展。

二是打造数据要素产业创新高地。围绕科技创新、先进制造、现代服务、“双碳”发展等重点方向，推动实施“+数据”战略，积极引导企业增强数据归集、数据治理、数据运营及数据服务能力，打造强劲、活跃的数据要素产业集群。发挥“科创+数据”引领功能。依托重大科技基础设施数字化转型，鼓励大学、科研院所、新型研发机构等开展科学大数据的挖掘与应用。支持新型研发机构优化数据、知识、算法等数据科学领域的交叉学科布局，鼓励龙头企业联合大学、科研院所围绕数据关键技术开展联合攻关。促进数据要素在基础研究、科技创新中的有效利用，提升数据分析运用和研判决策智能化水平，打造“科创+数据”的应用示范区。

三是培育数据链条多元主体。围绕数据要素供给、流通及应用等关键环节，发挥链主企业牵引带动作用，引育数据领域“专精特新”企业，支持中小企业“上云用数赋智”，打造数据要素创新企业群落。加大数据链主企业培育力度。加大龙头数商、平台企业等数据链主企业引培力度，围绕生物医药、电子信息、机械装备、新材料、新能源等产业领域，到 2025 年引育数据链主企业 10 家以上。支持链主企业加强行业数据要素整合和开发利用，促进算力、算法和数据资源的精准配置和高效协同，推动大中小企业融通发展。推动数商企业集群聚合发展。优化数商业态，完善数商经济运行机制。推动数商集聚发展，引育具有市场影响力的数据资源供给方及从事数据经纪、合规咨询、质量评估、资产评估、数据交付等业务的交易服务机构。

四是打造数字信任试验区。聚焦可信数据流通平台、可信数据技术体系和可信数据标准研制，加快建立高效率、可信赖的数据可信流通环境，打造

全国领先的数字信任试验区。建设可信数据流通平台。依托厦门数据交易中心，积极开展数据流通交易相关的数字信任体系建设试点，创新融合大数据、区块链、零信任等技术，构建涵盖数据资产登记、交易、结算等环节的基础性功能平台，打造基于隐私安全计算的数据产品交付平台，全方位保障可信数据经济发展。完善可信数据技术体系。围绕可信数字经济发展需要，依托厦门数字经济创新企业，积极推动同态加密、联邦学习、多方安全计算、可信硬件等隐私计算技术发展应用，加大分布式计算与存储、密码算法、共识机制、智能合约等新技术研发应用，加快推动实验室技术产品化。建设可信数据标准体系。依托厦门数据交易中心，联合国内外数据要素领域的科研机构、高等院校、龙头企业和用户，争取设立国际数据交易标准化委员会，推动数据资源规划、数据治理、数据资产评估、数据服务、数据安全等标准研制。

子报告4：厦门创新载体建设与体制机制改革

围绕建设国家区域科技创新中心的战略定位，前瞻布局、策划、建设一批科技创新重大载体，厦门出台了系列市级和部门级文件，支持创新载体建设。近年来，厦门重大科技创新平台、新型研发机构、公共技术服务平台等创新载体数量不断增加，创新能力和产业带动力不断增强，对厦门区域创新竞争力提升起到了不可忽视的作用，但也存在顶层设计有待完善、体制机制存在制约、高层次人才吸引力不足等问题。对此，厦门应进一步明确创新载体建设的战略方向，从聚焦主导产业建设创新载体、着眼未来优势布局创新载体、围绕全球合作强化载体开放三方面推进，促进厦门创新载体的整体效能提升。同时，政策制定者可从顶层设计优化、体制机制改革、高层次人才凝聚等角度出发，促进厦门创新载体高质量发展。

一、创新载体建设和运行的特征事实

（一）主要政策举措

1. 市级政策举措

市级层面文件《关于贯彻〈中共福建省委、福建省人民政府关于实施创新驱动发展战略建设创新型省份的决定〉的实施意见》（厦委发〔2016〕21号）、《厦门市加快创新驱动发展的若干措施》（厦府〔2019〕144号）、《厦门市“十四五”科技创新发展规划》（厦府办〔2021〕87号）、《厦门经济特区促进科技创新若干规定》（厦府办〔2021〕87号）、《厦门市科技创新引领工程实施方案》（厦委发〔2023〕4号）中，对厦门创新载体建设提出了宏观性的战略支持意见（见表4-1）。

表4-1　厦门创新载体建设的主要市级政策文件

文件名称	发文日期	涉及的相关内容
《关于贯彻〈中共福建省委、福建省人民政府关于实施创新驱动发展战略建设创新型省份的决定〉的实施意见》（厦委发〔2016〕21号）	2016年10月24日	1. 支持建设与厦门产业紧密结合的国家重点实验室、国家工程实验室、国家工程（技术）研究中心等国家级重大创新载体 2. 鼓励各类市场主体投资建设科技企业孵化器 3. 支持各类创新主体创办新型研发机构；鼓励收购、并购国内外优秀研发机构 4. 建设一批公共技术服务平台
《厦门市加快创新驱动发展的若干措施》（厦府〔2019〕144号）	2019年5月15日	1. 支持建设福建省实验室 2. 鼓励建设科技企业孵化器 3. 鼓励各类创新主体创办新型研发机构和重大研发机构

续表

文件名称	发文日期	涉及的相关内容
《厦门市“十四五”科技创新发展规划》（厦府办〔2021〕87号）	2021年12月9日	1. 打造重大科技创新平台：省创新实验室、国家重点实验室、工程研究中心、企业技术中心、制造业创新中心、产业创新中心、大科学装置、临床医学研究中心等 2. 围绕战略性新兴产业和未来产业，集中力量引进培育一批新型研发机构 3. 面向半导体、集成电路、生物医药、新材料、智能制造、新一代信息技术等重点产业链群，搭建一批公共技术服务平台；构建一批基于“互联网+”的科技资源公共服务平台
《厦门经济特区促进科技创新若干规定》（厦府办〔2021〕87号）	2021年12月31日	1. 规划、建设对产业具有重要支撑作用的重大科研基础设施 2. 支持建设国家实验室、国家重点实验室、国家技术创新中心、国家临床医学研究中心、国家工程研究中心、国家企业技术中心等高水平科技平台；支持建设国际科技合作平台 3. 统筹规划、建设省实验室等高水平基础研究平台 4. 引进和培育新型研发机构，完善多元化投资机制，通过资金扶持、用地保障、政府项目承担、人才引进、投融资服务等方式支持新型研发机构的发展
《厦门市科技创新引领工程实施方案》（厦委发〔2023〕4号）	2023年4月10日	1. 争创国家级重大创新平台 2. 集群化布局高能级创新平台、高效益成果孵化转化载体 3. 启动培育新型研发机构苏颂行动，规划建设100家新型研发机构、联合实验室 4. 建设公共技术服务平台、专业孵化空间

资料来源：本书课题组整理。

从表4-1中可以看出，市级层面支持创新载体建设的文件主要有以下特点：第一，创新载体建设主要围绕三大主体展开。一是重大科技创新平台，主要包括创新实验室、工程研究中心、企业技术中心、制造业创新中心、产业创新中心、科技企业孵化器、大科学装置等。二是新型研发机构，主要是高校、科研单位或企业等建设的各类新型研发机构。三是公共技术服务平台，例如厦门集成电路设计公共服务平台、厦门生物医药测试分析平台等。第二，厦门高度重视高能级的创新载体建设。《厦门市科技创新引领工程实施方案》

（厦委发〔2023〕4号）强调要建设高能级的创新载体。一是整合在厦研发力量，高标准建设嘉庚创新实验室、翔安创新实验室，筹建福建省海洋创新实验室，争取纳入国家实验室布局。二是策划建设智慧储能、高温高压高速极端环境等大型科研基础设施，打造国家重大科技基础设施预备队。三是支持“海洋负排放”（ONCE）国际大科学计划发展成为服务国家战略的重要国际协同创新平台。第三，创新载体建设以发展厦门优势特色产业为出发点。从支持厦门创新载体建设的市级文件来看，厦门市布局建设的创新实验室以及其他国家级创新平台、新型研发机构，主要是为了给厦门优势特色产业（新能源、新材料、生物医药、海洋等产业）提供有力的创新基础。而市公共技术服务平台同样面向厦门优势特色产业，主要为其提供技术研发、试验、产品设计、资源共享、行业检测、成果转化等服务，为厦门产业发展提供了有力的科技支撑。

2. 各部门相关政策举措

围绕市委、市政府的战略部署，厦门市科技局、工信局等先后制定了《厦门市临床医学研究中心管理办法》（厦科规〔2020〕1号）、《厦门市技术创新中心管理暂行办法》（厦科规〔2020〕3号）、《厦门市新型研发机构管理办法》（厦科规〔2020〕5号）、《厦门市重点实验室建设与运行管理办法》（厦科规〔2020〕7号）、《厦门市促进科技企业孵化器高质量发展实施办法》（厦科规〔2021〕3号）、《厦门市制造业创新中心建设管理办法（试行）》（厦工信规〔2022〕3号）、《厦门市公共技术服务平台管理办法》（厦科〔2022〕7号）等专门性文件，对厦门市创新载体建设提出了具体要求。上述文件主要从四个方面对厦门市的创新载体建设进行了管理和支持，如表4-2所示。

表 4-2 厦门创新载体建设的部门政策文件

创新载体	功能定位	认定条件	运行管理	支持政策
临床医学研究中心	集协同创新、学术交流、人才培养、成果转化、推广应用于一体的高水平、开放式医学科技创新及成果转化平台	对医院等级、诊疗技术水平、研究水平、条件保障等有明确要求	主任负责制、配置专职管理人员、设立学术委员会、年度报告制度、重大事项报告制度	政府补助，150万元、200万元、400万元、1000万元不等
技术创新中心	以开展产业前沿引领技术和关键共性技术研发与应用为核心，加强应用基础研究，协同推进颠覆性技术创新	对组建时间、研究人员、科研项目、知识产权、技术服务业务、团队管理等有明确要求	主任负责制、设立专家委员会、日常报送、重大事项备案	政府补助，1000万元；申报项目优先立项
制造业创新中心	面向制造业创新发展重大需求，突出协同创新取向，以重点领域前沿技术和关键共性技术的研发供给、转移扩散和市场转化为重点的创新平台	对运行机制、管理团队、研发人员、产业技术、分配制度、合作交流等有明确要求	完善运行机制、年度工作情况报送、三年一考评	推荐申报国家制造业创新中心和福建省制造业创新中心
重点实验室	科技创新体系的重要组成部分，开展高水平基础研究和应用基础研究的核心平台，人才、科研装备、学术交流、科技资源、科研产出的重要载体，国家重点实验室、福建省重点实验室的培育基地	对科研任务、科研基础、科研条件、人才队伍、团队领导、合作交流等有明确要求	主任负责制、设立学术委员会、课题设置、知识产权管理、财务管理、建立规章制度、年度工作情况报送、年度考核、动态管理	政府补助，100万元、200万元、1000万元不等
孵化器	区域创新体系的重要组成部分、创新创业人才的培养基地、大众创新创业的支撑平台	对运营主体、场地面积、在孵企业、孵化服务等有明确要求	事项报告制度、年度考核、动态管理	政府补助，细分为认定补助、设备补助、场地补助、奖励补助、项目补助等
新型研发机构	围绕生物医药、物联网、大数据、集成电路、人工智能、新材料、新能源和新基建等未来产业重点领域，开展技术研发、成果转化、技术服务、科技企业孵化等活动的科研实体	对运营主体、场地面积、研发经费、研发人员、研发绩效等有明确要求	事项报告制度、两年一考评、动态管理	政府补助，细分为建设经费补助、设备补助、创办企业补助、奖励补助等

续表

创新载体	功能定位	认定条件	运行管理	支持政策
公共技术服务平台	为厦门市主导产业和重点培育的新兴产业、未来产业提供技术支持和创新服务，或针对中小微企业技术创新的共性需求，提供较高水平解决方案和综合性服务的平台	对人才队伍、设备设施、工作基础、管理机制、资金技术、服务保障等有明确要求	成立平台运营机构、建立规章制度，强化服务意识、创新运营和服务模式、提升服务能力和水平，两年一考评、动态管理	政府补助，细分为认定补助、奖励补助等

资料来源：本书课题组整理。

对支持厦门创新载体建设的部门政策文件进行分析，可以发现这些政策文件存在以下三个特点：第一，厦门明确了不同创新载体的功能定位，从而为其科技创新工作提供全方位支持。厦门的临床医学研究中心、技术创新中心、制造业创新中心、重点实验室、孵化器、新型研发机构、公共技术服务平台虽然功能定位各有侧重，但均以服务科技创新、提升产业技术水平为目的，为厦门科技创新工作做出了重要贡献。第二，厦门对不同层级的创新载体提出了不同的认定要求，从而为财政资金的精准支持创造了前提条件。比如，厦门市首次认定的新型研发机构和进一步认定的重大新型研发机构具有不同的认定条件，对首次认定的新型研发机构给予一次性 100 万元建设经费补助，但是再次认定为重大研发机构的，建设经费可予以补足至 500 万元，具体可参见《厦门市新型研发机构管理办法》（厦科规〔2020〕5 号）。第三，厦门对不同创新载体的运行管理提出了具体要求，从而为厦门创新载体高质量发展提供了基础条件。比如，相对于 2019 年出台的《厦门市公共技术服务平台暂行办法》，2022 年完善的《厦门市公共技术服务平台管理办法》（厦科〔2022〕7 号）增加了对公共技术服务平台不同建设单位的要求，对政府主导建设的平台要求完善“自我造血”功能；对龙头企业牵头建设的平台，要求提高公共服务能力及开放服务机制；对高校、科研机构牵头建设的平台，要求完善产学研用紧密协同机制。

（二）主要成效

1. 重大科技创新平台发展与运行的主要成效

第一，实现福建省创新实验室的高标准建设。围绕产业链部署创新链，整合在厦优势研发力量，重点建设福建省创新实验室，筑牢产业高质量发展"内核"。目前，嘉庚创新实验室建成亚洲首座无噪声实验室，已攻克碱性电解水制氢等20项关键技术，自主孵化华商厦庚氢能等18家科技企业，吸引产业投资4亿多元，研制出1000标方碱性制氢装备等大型装备，建成全球首条23.5英寸Micro-LED激光巨量转移示范线。翔安创新实验室"边基建、边研发"，牵头研发的鼻喷新冠疫苗是国家重点布局的五条技术路线之一，已于2022年底获批紧急使用；九价宫颈癌疫苗、水痘减毒活疫苗正开展临床试验；新获批"传染病疫苗研发全国重点实验室"、国家疫苗攻关产教融合创新平台。福建海洋创新实验室已于2022年4月、6月通过省、市科技部门组织的专家论证，同步争创国家海洋实验室福建基地。

第二，"国字号"高水平科技平台建设加速推进。厦门于2017年首次发起"海洋负排放"（ONCE）国际大科学计划倡议，得到国际同行积极响应。目前，已有33个国家和地区的78个国内外高校及科研机构正式签约加入该计划。ONCE国际大科学计划总投入127亿元，已于2022年10月正式启动前期工作。ONCE国际大科学计划已通过国务院科改小组书面审议，正在按照程序报党中央、国务院审批。此外，厦门支持细胞应激生物学等全国重点实验室重组或筹建。厦门近海海洋科学国家重点实验室建成了"天空海陆一体"的海洋立体观测与实验体系。重组建设高端电子化学品国家工程研究中

心，拨付首期财政专项补助经费 7200 万元。嘉戎技术、亚锝电子 2 家企业获批国家企业技术中心。目前，已累计支持建设 5 个国家临床医学研究中心福建省分中心。

第三，大型科研基础设施建设有序推进。目前，首批“向阳红 3 号海洋科学综合考察船”等 8 个厦门市大型科研基础设施正式挂牌，其中“嘉庚号”海洋综合考察船是我国第一艘具备开展痕量金属洁净研究功能的科考船。此外，厦门积极谋划建设国际领先的重大基础设施平台，瞄准能源材料安全、效率等重大关键科学问题，建设一套能够实现能源材料与器件极致能量分辨、时间分辨和空间分辨，国内首创、国际领先的智慧储能大型科研基础设施；规划用地 80 亩，总建筑面积 5.2 万平方米，总投资计划 8.4 亿元。

2. 新型研发机构发展与运行的主要成效

第一，新型研发机构数量快速增长。为鼓励国内外知名高校、科研院所、企事业单位和社会团体等各类主体在厦门设立新型研发机构，厦门于 2020 年 9 月出台了《厦门市新型研发机构管理办法》（厦科规〔2020〕5 号），规定市级新型研发机构最高可获 6500 万元资助；总投资超过 1 亿元的旗舰型新型研发机构可获最高 1 亿元资助，还可获得申报厦门市自然科学基金项目、创新联合体、产学研项目等政策支持。厦门新型研发机构数量快速增长。截至 2022 年底，已有市级新型研发机构 10 家，省级新型研发机构 54 家。2023 年 4 月，厦门启动培育新型研发机构苏颂行动，至 2026 年，规划建设 100 家新型研发机构、联合实验室，未来厦门新型研发机构建设还将加速。

第二，新型研发机构以高校院所类为主，也有部分本地企业类新型研发机构。近年来，厦门市科技局出台多项政策推动市校合作，大力引进高校院所来厦门设立新型研发机构。2022 年至今，厦门市科技局先后对接洽谈近 20 所高校院所，达成合作意向。新引进北京大学院士团队“厦门生物医药创新研究院”、北京中医药大学院士团队“厦门市中医药产学研协同创新研究院”、华中科技大学国家数字建造技术创新中心院士团队“智能感知工程物联网（厦门）实验室”、天津大学脑机交互与人机共融海河实验室院士团队“厦门脑机接口与智慧健康创新研究院”、武汉大学院士团队“珞珈聚芯（厦门）集成电路研究院”等一批新型研究院，推动厦门生物医药、智能制造、生命科学、集成电路等产业的创新发展。培育成立天马新型显示技术、中新（厦门）膜与石墨烯产业等一批本地研究院。

第三，新型研发机构运营初具成效。在经营绩效上，厦门新型研发机构具有一定的盈利能力。2021 年，55 家省、市级新型研发机构合计实现营业收入约 278.07 亿元，利润总额 139.16 亿元。在运营质量上，一些新型研发机构已经取得了显著的进展。例如，厦门产业技术研究院坚持高精尖定位，积极引进大院、大所、央企，以及福建省“百人计划”、厦门市“双百计划”等领军型创业人才创办的科技型企业在厦门设立新型研发机构，累计培育高科技种子项目 150 个，其中包括两院院士科技成果转化项目 3 个、“双百计划”等高层次人才项目 26 个、高校院所科技成果转化项目 21 个、军民融合项目 5 个。在运营模式上，厦门的一些新型研发机构也进行了探索。例如，厦门国创中心积极推动科技成果从“实验室”走向“应用场”，探索新型研发、成果转化模式。中科院海西研究院厦门稀土材料研究所则通过引进优秀人才和开展联合研究等方式，不断提高自身的科研水平和实力。

3. 公共技术服务平台发展与运行的主要成效

第一，公共技术服务平台建设持续推进。为加快国家自主创新示范区建设，全面提升区域创新体系整体效能，围绕厦门市委市政府的战略部署，厦门市科技局针对厦门产业发展需求，于 2006 年起，在全国率先提出集中财政资金建设公共技术服务平台的创新思路，十几年已重点在半导体与集成电路、生物医药与健康、新材料、软件与信息服务、机械装备与智能制造、深海空天、生态环保、现代农业、综合服务等领域投入7亿多元建设公共技术服务平台43个，其中已建成并投入运营的有37个，在建、尚未正式开放运营的有6个。全市公共技术服务平台现有总人数1756人，其中硕士及以上和中高级职称人数679人，占比38.67%；取得有效知识产权1549件，获得奖项71项，发表论文604篇；2021~2022年平台总收入19.86亿元，其中技术服务收入11.86亿元。

第二，公共技术服务平台为厦门科技创新活动提供了有效服务。厦门公共技术服务平台涵盖技术研发、资源共享、成果转化、检验检测、数据应用等多项服务内容，为助力厦门企业开展技术创新活动，实现高质量发展提供持续驱动力。2021~2022年，纳入绩效考核的30个公共技术服务平台为厦门企事业单位及周边城市开展各类公共技术服务，解决企业技术需求262项，开展技术推广及培训187次，参与制定技术标准100个，仪器共享3.35万次，数据库查阅量62.30万条，网站访问量1031.09万次，服务厦门及国内部分省、市机构（企业、高校、院所、事业单位）44.91万家，服务个人639.79万人次。

第三，针对不同主体，建立了差异化的技术服务模式。一方面，厦门针对不同产业，设置了不同的公共技术服务平台。比如，厦门集成电路设计公共服务平台旨在打造涵盖“EDA工具平台—失效分析平台—圆片测试平台—集成电路产品检测认证平台—保税交易平台”集成电路设计全产业链的公共技术服务体系，为集成电路中小企业提供全过程、全方位、一体化的技术及检测服务。另一方面，针对科研单位、企业、产业园区、各地政府和行业协会多样化的技术需求，厦门公共技术服务平台建立了因材施教的技术服务模式。比如，厦门市海洋生物技术产业化中试研发基地针对企业的技术需求，制定了九种技术服务模式；针对科研单位的技术需求，设立了六种技术服务模式；针对产业园区，设置了“虚拟入园”服务模式；针对各级政府，形成了“柔性引进”技术合作模式；针对行业协会，建立了“行业技术支撑”服务模式。这些多样化的服务模式适应了需求的差异化，满足了不同主体的技术服务需求，取得了良好的服务成效。

（三）主要问题

1. 功能定位偏短视，系统性统筹、长远性规划不足

虽然厦门出台的相关政策针对不同创新载体的发展建设提出了指导意见（见表4-1），并对不同创新载体的功能定位做了界定（见表4-2），但是厦门创新载体建设的目标和定位仍然不够清晰，创新载体多而不强，难以起到推动高水平科技创新的作用。第一，厦门高校院所、国家重点实验室较少，尚无全国重点实验室、大科学装置布局，国家级大院大所和央企在厦门设立分支机构和研究机构较少。①厦门仅有厦门大学1所“双一流”高校，且工科较为薄弱；拥有国家重点实验室数量、“双一流”大学数量的排名均不在前列。②尚未布局国家大科学装置，应用型研发机构的数量和质量也不足，科技成果源头供给能力较弱，引领性科技成果较少。③产业支撑不足，产业规模较小，高水平科技服务机构数量不多，对高层次人才吸引力不足。第二，目前厦门大部分国家级高能级科研创新平台依托厦门大学建设，创新活力不强。这些机构在管理体制方面会更加注重规范性和层级性（参照行政管理体制），影响高能级平台在体制机制创新方面的灵活性和创新力。此外，部分研究机构为获取厦门的政策和资金支持，仅将原研究机构更名为“新型研发机构”，研究人员、管理制度、运行机制并未发生变化，旧的体制机制很难推动科技创新。第三，大量创新载体的主要功能定位是招商引资，而不是生

态集聚。厦门创新载体建设的行为偏短视，更看重创新载体数量和产业规模的扩张，而不重视产业质量的提升和产业生态的集聚。福建省内各个市、区之间，甚至厦门内部，往往缺乏交流、缺乏互动、各自为政，导致科技产业重复布局、重复建设，创新载体对科技创新的溢出效应不足，对经济、社会资源造成极大浪费。

2. 体制机制待突破，运行效能有待进一步提升

第一，资金来源主要依赖于财政资金投入，“自我造血”机制尚未形成，创新载体难以长远良性发展。目前，厦门大多数创新载体的启动资金和运行经费主要来自政府的财政资金，大部分创新中心和新型研发机构没有获得风险投资基金、企业投资等社会资本的支持，创新载体的可持续发展能力不足。第二，市场化运行机制存在制约，创新载体绩效欠佳。部分创新载体特别是事业单位性质的机构，在项目筛选、投资决策、成果转化等方面仍未突破事业单位管理规定的束缚，运行绩效欠佳。厦门半数新型研发机构尚未实现盈利，部分新型研发机构甚至处于亏损状态。第三，缺乏有效的科研成果评价和激励机制，影响科研创新的积极性。当前，厦门对基础研究类、应用技术研发类、社会公益性的创新载体并未分类评价和考核，在创新载体考核机制上过度重视经济效益，导致社会效益和经济效益间的不平衡，限制了创新载体的高质量发展。

3. 创新载体高层次人才引进面临体制机制约束

厦门在吸引高层次人才方面劣势明显，面临“专业人才引不来、培养人才留不住”的困境。第一，创新载体需要引进高水平的科研人才，但厦门人才选拔和引进面临各种体制性限制。创新实验室、技术创新中心、新型研发机构、公共技术服务平台等创新载体较高校院所在稳定性方面、较企业在薪酬方面的竞争优势不明显。高层次人才多在海外或者国内其他城市已经“功

成名就”，工作稳定、对生活品质有一定要求，但目前厦门相关创新载体在住房、编制、医疗、子女教育、配偶工作等方面的服务保障措施多是“一事一议”，在编制等方面难以突破体制性障碍，政策的规范性、长期性和稳定性不够，难以吸引高层次人才。第二，人才配套政策体系不够完善，对海洋领域高层次人才吸引力度不足。对符合条件的海洋领域高层次人才，“引人留人育人”的配套政策（如子女教育、安家补助等）和资金扶持有待进一步完善和加强，尤其是优秀青年人才，应在科研和生活上给予更多的实质性奖励与扶持。在“一带一路”倡议下，福建省利用自身的海洋资源发展海洋经济，离不开涉外海洋服务人才，目前厦门对这类人才的吸引力和支持度还不够。第三，产业短板限制了创新载体对产业高层次人才的凝聚。在生物医药、集成电路、智能制造等领域的企业中，技术、研发、营销等专业人才一直处于供需不平衡的状态，特别是中高端研发人才和有专业背景的市场营销人才尤其紧缺。厦门相关产业规模体量较小，薪酬收入相较于长三角、珠三角城市不高，难以吸引相关产业高层次人才，导致部分高能级创新实验室和新型研发机构招不到相关产业高层次人才。

二、战略思路

（一）聚焦主导产业建设创新载体

1. 坚持产业需求导向，紧紧围绕主导产业部署创新载体

创新不是为创新而创新，一定是因为有需求才创新。坚持产业需求导向

才能感知前沿科技战略发展趋势、产业转型升级短板、企业技术创新需求。厦门应紧密围绕集成电路、新型显示、人工智能、工业机器人等主导产业布局创新载体，贴近区域产业发展阶段和经济社会发展实际需求，集中优势创新资源，避免低层次重复建设，打造一批高水平的创新载体。将实验室研究、工程化应用、产业化推广充分结合起来，形成全链条式研发模式。融合区域内技术创新中心、中试基地、新型研发机构，形成从团队科技创新到企业孵化再到产业孵化的全链条式孵化机制。建立产业技术需求库，推动创新中心、创新实验室、新型研发机构等创新载体以定向委托、“揭榜挂帅”、“赛马”等方式开展“订单式”科技创新和成果转化项目，促进产业资源集聚，缩短科技成果产业化周期。

2. 增强主导产业共性技术供给能力，强化创新载体建设

产业共性技术是技术创新链的关键环节，对提升企业核心竞争力、产业技术水平和区域自主创新能力具有重要作用。然而，产业共性技术具有研发和投资周期长、复杂度高、投入大、收益水平不确定性强等特点。共性技术不同于专有技术，企业难以独立完成共性技术研发，无法独享技术成果的收益权，产业共性技术研发投资面临“市场失灵”和“组织失灵”的双重阻碍。厦门可以依托福建省创新实验室、重大科技创新中心、“尖端”新型研发机构等高能级创新载体进行产业共性技术研发，从而促进厦门主导产业和产业链向中高端迈进。

3. 加强关键核心技术攻关，强化创新载体组织能力

目前，厦门主导产业领域的客观创新需求要求强化创新载体组织能力。比如，在集成电路领域，“卡脖子”问题依然形势严峻，企业在光刻胶等关键材料、工艺方面供给不足。在生物医药领域，前端原创理论水平仍有提升空间，临床医生在一线医疗实践中萌发的技术发明“新思想”难以得到及时

转化。在人工智能领域，原创性理论技术、核心芯片、算法、软件框架等存在不足，尚未形成自主创新产业生态，缺乏有代表性的智能硬件产品。厦门亟须以创新实验室、新型研发机构作为重要载体，加强核心技术攻关，加快原始创新突破，加速成果转化与企业孵化，通过合适的创新载体强化创新链、产业链融合发展，不断加强创新载体组织能力建设。

（二）着眼未来优势布局创新载体

1. 立足战略性新兴产业，促进科技成果转移转化

战略性新兴产业是对国民经济全局和长远发展具有重大引领和带动作用的产业，是实体经济的重要组成部分，是中国经济转型升级和高质量发展的重要支撑。厦门对照国家规划的九大领域、福建省规划的七大领域，突出高成长性和城市特质，提出发展生物医药、新材料、新能源、文化创意四个战略性新兴产业。厦门的战略性新兴产业虽然总体呈现持续快速增长态势，取得了显著成效，但还面临着投资力度不足、创新能力有待提高、地区优势未得到充分释放以及产业链安全性不足等问题。厦门创新载体应以创新导向的市场需求牵引战略性新兴产业成熟壮大，促进科技成果转移转化。

2. 立足未来产业，加大基础研究投入力度

未来产业具有技术含量高、创新能力强、辐射带动作用大等特点，是推动经济发展质量变革、效率变革、动力变革的重要支撑。厦门着眼构筑未来竞争优势，选择已有一定技术积累的第三代半导体、未来网络、前沿战略材料、氢能与储能、深海空天开发、基因与生物技术等作为未来产业前瞻布局。习近平总书记在中共中央政治局第三次集体学习时强调："加强基础研究，是实现高水平科技自立自强的迫切要求，是建设世界科技强国的必由之路。"基础研究是整个科学体系的源头，更是国家安全、产业发展、人民幸福的重

要基石。厦门发展未来产业，只有做好基础研究，才能筑牢发展之基，促进厦门区域创新水平提升。对此，厦门需要进一步提升创新实验室、新型研发机构等创新载体的基础研究水平，从而促进厦门未来产业发展。

3. 围绕高水平大学和科研机构建设创新载体，打造优势产业

厦门以市内外高水平大学和科研机构为依托建设了一批创新实验室、新型研发机构等创新载体，这些载体在转化学术成果、孵化初创企业和培养创新人才等方面发挥了重要作用，逐渐成为促进厦门区域科技创新发展的重要源泉。未来，厦门应进一步强化市内外高水平大学和科研机构对科技创新的引领和带动作用，依托高校院所进一步建设高能级的创新实验室、新型研发机构等创新载体，打造厦门优势产业。立足厦门产业发展定位，结合厦门化工、海洋、生物等优势学科，集聚高能级创新载体，打通产、学、研、企各个产业链条，加快产业转型升级。坚持政府引导与市场运作相结合，建设为产业服务的公共技术服务平台、为生产研发提供技术支撑的技术平台、为技术提供试验验证的小试中试平台。

（三）围绕全球合作强化载体开放

1. 推进高水平制度型开放，推动全球创新资源整合

坚持厦门创新载体更高水平的对外开放，汇聚各方资源，构建开放创新生态。优化顶层设计，建立科技开放合作战略政策体系。统筹厦门创新载体、企业、科研院所和行业发展不同层面需求，提出符合厦门国情的新时期开放合作总体战略。强化制度建设，破除阻碍创新载体开放建设的制度藩篱。对标国际先进规则和最佳实践，探索实施人才、技术、数据等要素配置的突破性政策。稳步扩大技术创新领域规则、管理、标准等制度性开放，并推动厦门在科技创新法律、知识产权保护、行业技术标准、科技成果转化等方面与

国际接轨。进一步完善国际创新载体合作格局，让政府间合作机制更加完善、民间交流合作更加活跃。

2. 创新载体建设模式，打造国际科技合作创新载体

构建开放式创新载体，多模式构建全球创新生态系统。发挥领军企业作用，聚焦全球一流创新技术和研发平台，打造高水平的国际联合研发基地、技术开发平台和技术转移机构。发挥高校在科研中的重要作用，调动各类科研院所的积极性，通过共建联合研究机构、数据共享平台等，快速融入全球创新网络。发挥行业联盟、社团的纽带作用，支持和引导产业界、科研界、科技社团对接国际资源，搭建多元化国际科技合作载体。深化实质性国际科技交流合作，依托大科学设施，组织国际大科学计划，拓展科技合作深度。探索在中国港澳台地区以及新加坡等共建“一带一路”国家建设离岸科技成果转化孵化中心或创新飞地。建设高水平人才高地和创新中心，搭建国际和区域科技创新人才交流平台，汇聚全球智力资源。厦门需要制定和完善相关政策措施，鼓励科技领军企业和优秀人才参与创新飞地建设，同时加强对创新飞地的管理和服务，提高其运营效率和服务质量。

3. 完善科技创新服务体系，提升创新载体的全球位势

建设具有全球竞争力的开放创新载体，离不开先进的科技创新服务体系。构建全方位、全链条、高质量的科技创新服务体系，为创新载体协同互动、创新要素顺畅流动、金融资本有效对接、创新资源高效配置和科技成果迅速转化创造优越条件。建立健全技术转移服务体制机制，完善以需求为导向的科技成果转移转化体系，打造从创业苗圃到孵化器再到加速器的全过程创业服务链条。建设面向产业、对接实体经济的创业服务体系，打造先进的科技服务基础设施，拓宽科技和经济社会发展之间的通道。构建符合创新创业规律的科技金融体系，进一步加大对关键核心技术攻关、科技创新基础设施建

设和重点产业的金融支持力度。不断提升科技服务水平，围绕政策链、创新链、产业链、资金链融合对接，扶持培育和引进集聚一批服务专业化、发展规模化、运行规范化的科技中介机构和科技成果运营机构。

三、政策建议

（一）聚焦载体能力建设，争创国家级重大创新平台

一是建议在市委、市政府的领导下，建立分级分类的创新载体。第一，基础研究不同于应用研究，投资周期长、风险大、效益低，厦门应充分发挥有为政府的作用，依托高水平大学和科研机构建设高层次的重大创新平台，鼓励福建省创新实验室、尖端研发机构积极开展基础研究。第二，厦门应充分借助市场的力量，围绕厦门产业链、供应链打造特色的新型研发机构，鼓励其开展应用型研究，促进基础研究的转移转化。第三，厦门可以进一步加强公共技术服务平台建设，完善基础设施和服务体系，吸引更多的高新技术企业入驻。通过提供技术转移、人才培训、融资等全方位的服务，帮助企业降低创新成本，提高企业的创新能力和市场竞争力。第四，厦门需遵循突出特色和差异化发展思路，围绕本地产业发展优势和需求，进一步细化和完善促进不同创新载体良好运行的管理办法、专项资金扶持细则及中长期发展规划等。

二是加强市、区协作联动，综合推进创新载体建设。厦门市委、市政府需要引导各区新型研发机构健康有序发展，在结合本地区高校、科研院所科

技创新能力和地区产业特色的基础上，指导各区、开发区重点建设一批面向关键共性技术的高能级创新实验室，建设一批面向关键核心技术攻关的示范新型研发机构，建设一批面向主导产业和未来产业的公共技术服务平台，避免无序竞争、过度扩张、“圈地圈钱”等行为。围绕厦门科技创新发展的战略需求，建立分级分类的创新载体评价标准，建立面向厦门主导产业和未来产业的创新载体考评机制，按照对厦门主导产业和未来产业发展的贡献程度来考评不同创新载体的发展。

三是争创国家级重大创新平台，打造厦门高水平科技创新的尖端载体。支持各类创新主体争创（重组入列）国家级科技创新平台。对符合国家规划布局领域的福建省创新实验室或基地，采取“一事一议”方式，全面落实经费、土地、人才等要素保障，符合条件的列入市基本建设投资计划或重点项目计划予以支持，加速提升嘉庚创新实验室、翔安创新实验室和海洋创新实验室平台能级，争取建成1~2家国家实验室或基地。此外，聚焦国家战略和结合厦门实际部署重大科技基础设施，适时建设大科学装置，力争在引领性原创成果上取得突破。支持高校和科研机构建设高水平的研究机构，鼓励企业建立研发中心和实验室，提高研究开发能力和水平。同时，鼓励企业与高校、科研机构合作共建联合实验室和研究中心，加强基础研究和应用基础研究。

（二）深化体制机制改革，激发创新载体活力

一是探索建立“财政资金+竞争性项目+自我造血+社会资本”的多元化经费来源机制。政府在重大科技创新平台、新型研发机构、公共技术服务平台等创新载体的初建期提供相对稳定的经费来源，根据相关创新载体发展需要，采取财政资助、场地补助、政府采购、后补助、成果转化股权投资、科

技计划项目等多元化的资助方式支持创新载体发展。政府应加大对国家级、省级创新实验室及其基地的支持，在以福建省创新实验室为代表的新型研发机构建立初期，在财政等方面提供相应的孵化支持。新型研发机构和公共技术服务平台在成长期和发展期则更多地靠市场自筹资金，充分利用社会资本的经费来源渠道。鼓励设立产业投资基金，通过政府引导扶持、股权投资以及多层次资本市场等途径，拓宽资金筹措渠道，进一步加大对新型研发机构的金融支持。

二是加强跨领域跨系统协同合作，优化运营机制。深化组织实践和机制创新，强化市场和产业需求导向，积极探索政校企合作新模式，通过政府财政投入与政策支持、高校及科研机构智力支持和科技企业注资、政府产业引导基金设立等形式，建立适合厦门实际又切实可行的多方协同创新载体共建模式，鼓励投资主体多元化、管理制度现代化、运行机制市场化、用人机制灵活化，形成科技体制改革的示范效应。根据厦门综合改革试点方案，积极开展多渠道联络与沟通，探索与台湾地区高校、科研院所及龙头企业共建创新实验室和新型研发机构。发挥由高校、科研院所、地方政府、参股企业组建成立的理事会决策组织综合优势，加强各主体、各方面、各环节高效联动，积极探索与各类型机构适配的管理机制，充分发挥高校院所科研平台的学科、团队、技术等优势。赋予创新载体更大的人财物自主权，鼓励创新载体开展职务科技成果单列管理、技术转移人才评价和职称评定等改革试点，破除体制机制束缚。鼓励通过建立基金会、接受社会捐赠等方式，让社会资本和社会力量更好参与。

三是加强分级分类评价与考核管理，促进创新载体有序发展。尊重不同性质科技创新活动特点和规律，结合不同创新载体在创新体系中的功能定位，建立科学合理的分级分类评价体系，实行差异化绩效考核评价。对前沿基础研究类创新载体，比如聚焦产业共性技术研发、重大基础理论攻关的创新载体，应加强财政的稳定支持，探索构建长周期、代表作评价机制；对面向市场的技术研发类创新载体，比如面向应用开发的新型研发机构、技术创新中心等，着重评价在成果转化、孵化企业、支撑产业发展等方面的绩效；对社会公益性创新载体，如共性技术研发机构、公共技术服务平台，着重评估公益性研究成果或服务成果的绩效、履行社会责任的效果等。根据评价结果给予相应政策支持，对长期不能实现自我良好发展的省级创新载体实施淘汰制度，营造"比学赶超"良好氛围，促进创新载体高质量发展。

（三）围绕创新载体集聚人才，加速创新效能提升

一是改革人才引进政策，加强对国际前沿产业技术和科研人才团队的引进。聚焦厦门主导产业和未来产业，以国家级创新平台持续吸引和汇聚世界顶尖人才、创新团队支撑厦门建设新发展格局节点城市、打造国家区域科技创新中心。借鉴国家实验室的人才政策，允许重大科技创新平台、尖端新型研发机构与高校院所间保持自由顺畅的人才流动关系，打破户籍、地域、身份、人事关系的制约，从国内外吸引国际前沿产业技术和科研人才团队来厦门工作。支持有条件的创新实验室、新型研发机构按照有关管理要求建设博士后工作站，充分利用政策吸引博士人才。

二是积极推动科教融合、科教合作，培养创新人才。高校院所与重大科技创新平台、尖端新型研发机构建立"互聘互认"机制试点，将"兼聘兼薪"工作成果认定为兼聘人员在原单位的科研贡献，纳入高校对个人的职称评价、绩效考核，解决"双聘"科技人才的子女教育、就医社保等现实问题。允许经验丰富的高级管理人员（特别是职业经理人等）、科技产业人才、实验室研究人员流动到高校，合作开设稀缺性人才培养课程，促进高校创新

创业能力提升和培养新型研发机构、公共技术服务平台所需的专业人才。试点在若干重点产业领域遴选1~2名首席科学家，给予连续5年稳定科研经费资助，支持自主整合资源培养团队。

三是建立更加灵活的人才管理机制，激发创新活力。建议创新实验室、科技创新中心、新型研发机构等创新载体建立具有国际竞争力的薪酬制度和绩效评价制度，增加相关创新载体对掌握先进技术的高层次人才的吸引力。鼓励教授以无形资产持股方式参与原创成果的转移转化，允许管理层、科研人员、成果转化人才在公司持股，优化利益分配机制。探索“研究导向”与“应用导向”流通并存的人才评价机制。“研究导向”人才评价以高水平研究成果为导向，注重基础研究和重大原始创新的考核。“应用导向”人才评价关注产业贡献，以实际贡献为导向，优化人才评价体系，吸引一批优秀年轻人真正投身产业技术攻关。在税收优惠、子女教育、养老保障等方面给高能级创新载体提供更有力的政策支持，增强高能级创新载体对高层次人才和骨干人才的吸引力。

子报告5：厦门开放创新生态建设

党的二十大报告强调："扩大国际科技交流合作，加强国际化科研环境建设，形成具有全球竞争力的开放创新生态。"近年来，厦门在开放创新生态建设上成绩斐然，逐渐形成包括城市创新生态、区域创新生态以及国际创新生态三个空间层次的创新生态系统。城市创新生态是厦门开放创新生态建设的内核层，初步形成厦门科学城、火炬高新区、省级海洋高新区、生物医药港四大科创"引擎"并进驱动城市发展的生动局面。区域创新生态是厦门开放创新生态建设的中间层，主要以国家自主创新示范区厦门片区建设为核心，打造沿环东海域具有影响力的未来科创湾，该区域可以分为两个部分：由以厦门为核心向西扩展，围绕厦漳泉城市圈并沿着厦门漳州龙岩发展轴与厦门泉州三明发展轴建设闽西南创新协同区，以及由以厦门为核心的科创湾向东延展建设厦台科技合作区。国际创新生态是厦门开放创新生态建设的外显层，目前主要以金砖国家新工业革命伙伴关系创新基地建设为节点，成为厦门融入全球创新网络的重要途径。

厦门开放创新生态尽管已初具雏形，但仍面临诸多掣肘因素。厦漳泉及闽西南不同城市之间的合作框架仍然不明晰，同时缺少以创新收益共创共享

为核心的协同机制，导致不同城市之间存在重复投资和研发的情况。厦台科技合作整体层次不够高，而且未来还存在诸多不确定性，会很大程度上影响到科技合作的稳定性和深度，同时会给人才流动以及互动带来诸多制度性或非制度性障碍。此外，大陆和台湾在特定技术领域存在不同的技术标准和认证体系，这也会影响到技术的交流和应用。在国际科技合作与交流方面，金砖国家间在技术研发、测试和应用上存在不同的研发标准和规范，以及不同国家间在文化和管理习惯、法律法规等方面存在的差异，均有可能导致科技合作与交流受阻。此外，如何确保国际科技合作各方的知识产权得到充分保护也是不容忽视的重要问题。本报告旨在对厦门开放创新生态建设特征事实进行归纳总结的基础上，探索进一步优化开放创新生态的战略选择与实施路径，并提出相应的政策建议。

一、厦门开放创新生态建设的特征事实

（一）主要政策举措及其成效

1. 厦门建设城市创新生态的主要举措及成效

一是创新平台建设和创新生态链建设方面取得显著成效。厦门科学城是厦门区域科技创新中心建设的关键所在，整体规划包括《总体概念规划》和《发展战略规划》，并出台 12 条科学城建设措施。在高能级创新平台建设方面，厦门市科技局与厦门大学、集美区人民政府共建嘉庚高新技术研究院，并已攻克多项关键技术，转化专利并孵化科技企业。厦门大学还牵头建设了

翔安创新实验室和海洋创新实验室，取得显著进展。在全过程创新生态链建设方面，项目储备库已入库150多项“高研值”项目，其中50个项目已落地。初步建成多个创新创业赋能平台和未来产业园。在科学城核心园区，已注册入驻企业超过1400家。

二是城市产学研合作取得阶段性成效。第一，持续推动新型研发机构建设，与多所高校、多家知名企业签订战略合作协议。近年来，众多研发机构和实验室落户厦门，包括中国科学院、微软等知名机构。同时，支持龙头企业设立技术创新平台，促进产学研合作，提高科技成果转化率。火炬高新区作为创新中心，汇聚了大量国家级、省市级研发平台，并引进众多“国字号”科研机构和头部企业研究院项目。初步构建未来产业创新体集群，为厦门的科技发展和产业升级打下了坚实基础，进一步推动了区域创新发展和经济转型升级。第二，创新联合体建设进展顺利。创新联合体一般由新型研究院、骨干企业牵头组建，联合实施重大技术攻关和成果转化项目，促进上下游配套和产业集群内资源整合，从而有效促进产业基础再造，提升全产业链专业化协作水平和产业集群整体创新能力。目前已经设立两个创新联合体，即由弘信电子牵头的“厦门市柔性电子创新联合体”以及由盈趣科技牵头的“元宇宙支撑技术与场景驱动创新联合体”。

三是城市创新创业生态持续优化，从科技成果到现实生产力的转化进程正在不断加速。多个园区和单位入选国家双创示范基地，新培育了众多众创空间和科技企业孵化器。同时，科技金融发展活跃，形成完善的科技金融产品体系，有效缓解科技型中小微企业的融资难题。此外，厦门市设立自然科学基金，支持应用研究和技术开发项目。在知识产权保护方面，厦门健全多元化知识产权保护协作机制，颁布实施相关条例，成立专门法庭和仲裁机构，构建“大保护”工作格局。科技特派员制度也得到深入推进，服务领域从农业拓展到工业、生态环境、文化旅游等，选派科技特派员进驻岛外四区，并注册大量个人和法人科技特派员。这些举措为厦门的科技创新和创业提供了有力支持和保护，促进了科技成果的转化和应用。

四是城市公共技术服务平台以及服务体系不断完善。厦门针对半导体、集成电路、生物医药等重点产业链群，搭建了公共技术服务平台，其中集成电路产业“一站式”公共技术服务平台已形成完整体系，并与本地高校及厂商联合形成完整的人才培养体系。另外，为助力企业数字化、智能化转型，厦门在软件园一期建设运营 WastonBuild 创新中心（东南分中心），通过线上平台和线下活动促进企业技术应用与创新孵化，其中包括 AI 学院、数字化平台、创新社区等功能模块。这些举措已累计服务数百家企业，吸引数千人次参与培训和技术交流活动，有效推动了厦门数字经济的发展，促进了企业的转型和创新。通过这些平台的搭建和服务，厦门进一步提升了城市创新生态在科技创新和产业发展方面的竞争力。

2. 厦门推进区域创新生态建设的主要举措及成效

一是厦漳泉一体化及闽西南协同发展区建设持续深化，为区域创新生态建设奠定了良好的基础。闽西南协同发展区以厦漳泉都市圈为核心引擎，五市建立常态化协调联动机制，努力缩小沿海与山区差距，推动区域平衡协调发展。在基础设施建设方面，《厦漳泉城际轨道交通线网规划》提出建设由 9 条线路构成的网络，福厦高铁的通车进一步加强了区域间的交通联系。此外，“一核三湾两带两轴”战略布局不仅有效扩展了厦门在闽西南的创新发展空间，而且为厦漳泉一体化及闽西南区域创新协同发展向更高水平迈进，为福建省乃至整个海峡两岸地区的经济社会发展打下坚实的基础。

二是厦门与闽西南其他城市或地区间科技合作不断加深。第一，不同城市间科技合作日趋深入。漳州古雷港经济开发区与厦门大学探讨共建厦门大学古雷石化研究院，目前已签订合作协议；泉州积极建设科技大市场，为协作区内的高校院所与企业搭建交流合作平台，有效推动区域产学研协同创新，促进科技成果落地转化；三明以本市石墨和石墨烯产业为载体，加强与厦门大学的产业技术对接，建设石墨烯产业孵化中心和石墨烯研究院、石墨烯应用工程实验室，共建三明市新能源材料产业技术研究院；龙岩认真开展大型科研仪器设备共享平台的管理和服务工作，已连续 2 年获得省试点城市资格，此外，厦门大学龙岩产教融合研究院、龙岩市厦龙工程技术研究院、集美大学（龙岩）产业技术研究院以及以 5 个协同区高校为主体申报的专业技术服务平台的建设和运营都取得了阶段性进展。

第二，闽西南城市间优势创新资源逐渐开始整合。厦门主动征集闽西南企业技术需求项目 128 项，协助企业对接国内外最具有优势的高校院所，为企业技术难题寻求最有效的解决方案，促成企业与高校、科研院所有效对接的技术需求项目百余项。漳州积极探索合作机制，成功促成项目对接 48 项，并与厦门大学就设立科技项目对接工作站、建立校企合作项目库等方面达成共识。泉州继续在市级科技计划项目中支持与闽西南协同发展区的合作项目，对符合条件的，予以立项并给予资金补助，激活本地企事业单位与其他地市的科技合作，仅泉州装备制造研究所与其他四地市在研合作项目就达 21 项。三明指导企业在协同发展区框架下开展合作，继续深化中国科学院海西研究院与厦门大学合作，森美达公司与国家海洋局第三研究所合作，新能源材料产业技术研究院与厦门大学、厦钨集团、厦门稀土研究所合作，产品研发工作取得较大成果。龙岩积极邀请其他地市科研院所、高校的专家参加本地技术成果对接会，促成本地企业与中国科学院城市环境研究所合作，联合申报省、市各类科技计划项目，向上争取科技经费。

三是闽西南科技创新协同及共享平台建设成效显著。第一，打造重大科研平台“共同体”。厦门牵头在本地建设“闽西南智能制造共享服务平台”，出资1000万元，被列为“闽西南共建共享创新创业创造平台”，并积极牵头建设“闽西南协同发展区科学仪器设备资源共享平台”，目前平台已接入仪器设备4000余台，为闽西南地区高水平科学研究、高层次人才培养及创新成果的取得提供有力保障。

第二，塑造科技人才交流联合体。三明、龙岩、厦门在科技特派员工作合作方面达成共识。厦门分别与三明、龙岩签订协议，并分别拨付1500万元，助力开展科技特派领域合作，目前已取得实质性进展。三明设立农科院科技特派员培训中心，建设特优农产品科技特派员示范基地和特派员工作站，目前厦明火炬新材料产业园科技特派员服务中心等已挂牌。龙岩在全市范围内征集科技特派示范项目、示范基地及示范站，组织专家调研考核，对符合条件的11个项目予以立项，将专项资金用于支持本市科技特派工作开展。漳州与厦门大学在产业科技服务团等方面达成共识。泉州带领高新区创业服务中心、哈尔滨工业大学科学与工业技术研究院科研人员前往厦门金龙汽车集团开展人才交流。

第三，闽西南科技创新公共服务平台建设快速推进，科技金融服务共享平台进展显著。2021年，“闽西南科技板”在厦门两岸股权交易中心设立，55家企业集中挂牌，其中包括2家台资企业。2022年，闽西南五市（厦门、漳州、泉州、三明、龙岩）共同筹建闽西南发展投资基金，基金总规模100亿元，其中，厦门出资占比40%，漳州、泉州出资占比各为20%，三明、龙岩则各为10%。面向闽西南智能制造与新技术、医疗健康、工业互联网、企业服务、新供应链等领域的中小企业发展基金经纬（厦门）投资合伙企业落地厦门，认缴规模25亿元。厦门同安区政府与金圆集团合作发起设立两只总规模为150亿元的母基金：区级科技创新母基金和产业招商并购母基金。由厦门自贸投资发展有限公司、厦门市翔安创业投资有限公司等合作设立“闽西南科创基金”，基金规模4.1亿元。

四是厦台科技合作成为推动海峡两岸融合发展的重要途径。第一，厦门目前已成为台商在大陆投资最密集的城市之一，台资企业数量居福建省首位，其中不乏友达光电、宸鸿科技等29家台湾知名科技企业，累计实际使用台资126亿美元，台企工业产值约占厦门规上工业总产值的1/4。2021年，厦门新成立各类外资商事主体1444家，其中台资就有660家，占比超过45.7%。2022年截至5月，新成立外资商事主体437家，台资有202家，占比进一步提高到了46.2%；全市现有港澳台个体户1440户，其中台湾个体户649户，占比超过40%。

第二，厦台产业合作层次不断攀升。近五年来，厦门累计新设台资项目数达到3541个，实际使用台资19.38亿美元，而台企的产业结构也逐步从过去的传统产业向先进制造业与服务业等新兴产业转移，如宸鸿科技已经发展成为厦门千亿级别平板显示产业链的龙头企业之一，其子公司宸美（厦门）光电2022年在同翔高新技术产业基地增资扩产的建设项目中，仅耗时10个月。截至2023年9月，厦门火炬国家高新区园区累计引进台资企业超500家，其中规模以上工业企业超40家，累计引进台湾创业团队近300个。2022年，高新区台资企业创造工业产值占总产值比重超35%，行业主要集中在平板显示、计算机与通信设备、半导体和集成电路三个领域，主要企业有友达光电、宸鸿科技（含宸美）、达运、玉晶光电等。

第三，厦门两岸创新创业基地建设取得显著成绩。厦门当前已建成多个两岸青年创业基地，其中厦门两岸青年创业创新创客基地等8个基地获批国台办“海峡两岸青年就业创业基地（示范点）”，16个基地获批省级台湾青年就业创业基地。火炬国家高新区园区认定火炬两岸众创空间8家，拥有各

级台湾青年就业创业基地8家。“十三五”期间，厦门市财政科技资金资助对台合作项目91项，资助经费2757万元。白鹭之星创新创业大赛从2020年第六届起增设台湾组，从2023年第九届起增设两岸融合创新奖，获奖企业将获得“闽西南科技板”引导基金扶持。海峡金融论坛·台企发展峰会成为海峡论坛常态化配套活动。2022年，台企金融服务联盟（以下简称联盟）正式成立于海峡金融论坛。台商海峡两岸产业私募基金管理（厦门）有限公司发起设立海峡两岸台商基金。该基金以助力厦门打造服务两岸的区域性金融高地为目标，突出金融创新，加强政银企合作，引入厦门白鹭积分等政府大数据，采取区块链、AI等数字信息技术，实现快速募资、精准授信、安全可靠，助力两岸金融呈现资源加速集聚、业态不断丰富、效益日益凸显的良好态势，进一步推动两岸商业互动和经济发展。

3. 厦门积极融入国际创新生态的主要举措及成效

一是以国际合作项目为载体共同设立技术创新中心。第一，国际合作项目立项数量增加显著。“十三五”期间，厦门6个国家科技合作基地先后获科技部资助国际合作项目共101项。在厦高校院所、企业承担41项国际科技合作项目，获得中央财政资助超1亿元。

第二，国际技术创新中心建设取得阶段性成效。厦门国创中心先进电驱动技术创新中心与英国谢菲尔德大学合作，揭牌成立谢菲尔德大学国创中心电驱动技术研究中心。嘉庚高新技术研究院与俄罗斯乌拉尔联邦大学LLC数字机械工程设计中心签署框架合作协议，联合成立中俄数字机械工程中心。在“海洋负排放”ONCE国际大科学计划中，已有包括美洲、欧洲、亚洲、非洲等全球代表性地区的30多个国家70余所科研院所数百名优秀科学家正式签约加入。2022年6月8日，该计划被正式纳入“联合国海洋科学促进可持续发展十年”行动的大科学计划。中国科学院城市环境所建设运营“城市健康与福祉计划”国际办公室、牵头组建“一带一路”城市环境健康专题（ANS）联盟，促进共建“一带一路”国家和地区科技合作，解决城市化发展带来的环境健康问题。组建“21 世纪海上丝绸之路国际科技创新与成果转化合作联盟”，首批成员单位包括德国、以色列、日本等共建“一带一路”国家及国内高校院所、企业、技术转移机构等 72 家单位。

二是“走出去”与“请进来”并重，国际科技交流合作渠道得到有效拓展。第一，“走出去”参与金砖国家科技交流活动，积极融入国际创新网络。参加巴西 Mato Grosso 州政府发起、州科技创新厅主办的“创新城市—智慧与可持续发展社会 5.0”论坛，厦门相关方在会上分享了厦门在科技推动新技术、新场景应用方面的经验，并宣传厦门的社会经济与生态和投资环境，取得了较好反响。参加中巴（西）高委会科技创新分委会第五次会议。2023 年 5 月，厦门市市长率团访问巴西，在圣保罗市举办“金砖创新基地推介会”，签约 8 个项目，金额超 10 亿美元，涵盖采购销售、智能制造、生物科技等合作领域。同时，应中共中央对外联络部邀请，赴南非参加金砖国家学术论坛等机制性会议，推介金砖创新基地。

第二，积极筹办国际科技交流活动，“请进来”金砖国家相关人才来厦门开展交流。承办“第七届金砖国家青年科学家论坛”，为金砖各国青年人才提供了沟通交流的平台。由厦门大学近海海洋环境科学国家重点实验室具体承办的金砖国家“海洋与极地科学”专题领域工作组第四届会议在厦门成功举办，有效推动金砖国家海洋极地务实合作，推动海洋与极地领域旗舰型联合研究项目以及金砖国家深海资源国际联合研究中心建设。

三是厦门积极推进国际科技合作的行动取得阶段性成效。第一，积极推进国际科技合作智库研究，启动多项课题研究，推出研究专报和动态资讯。加强金砖智库研究曝光度，发布课题研究成果，举办金砖政策讲堂。加快智

库国际合作进程，引进国外智库专家，推动成立金砖经济研究中心，谋划赴南非发布研究报告。推动金砖国家间技术标准制定与互认，成立技术委员会推动团体标准编制、评审、互认等工作，打造“金砖优品码”探索质量技术标准互认。这些举措有力推动了金砖国家间的深入合作与协同发展。

第二，国际科技合作公共服务平台建设在推动金砖国家间的深入合作方面取得显著成效。首先，以中俄数字经济研究中心为引擎，推动中俄双边制造业技术创新攻关及创新成果在厦门产业化，探索国际产业链、创新链、供应链的融合发展路径。其次，设立金砖产业基金，通过“母基金+直投”模式，为金砖国家之间的科技与产业合作提供充足的金融支持，促进双向投资。再次，引进央企头部企业，如铁建重工等，汇聚创新资源要素，助力金砖创新基地建设，成为吸引更多央企参与基地项目合作的典范。同时，打造特色创新载体，如设立金砖心血管健康创新中心等，推动医疗等领域的国际合作。最后，打造新工业革命赋能平台，强化实用性和权威性，布局建成国际互联网专用通道等基础设施，提升合作黏性。通过这些举措，国际科技合作公共服务平台成功促进了金砖国家之间的科技交流和产业合作，为金砖创新基地的建设注入了新的活力。在未来的发展中，该平台将继续发挥重要作用，推动金砖国家间的合作向更高水平、更深层次迈进。

第三，深化科技创新人才国际协同培养。举办“一带一路”暨发展中国家科技培训班，成功培训了200余名科技官员和青年科学家，并带动了中国科学院城市环境相关技术在多个国家的输出，解决了当地的关键民生问题。举办“金砖国家科创人才大讲堂”，每季度一期，邀请顶尖人才分享经验和知识，促进跨国科创合作，已举办5期，吸引了近5000人次参与。此外，在工业和信息化部支持下，聚焦新工业革命领域，组织线下培训活动，并在厦门设立全球发展促进中心创新培训基地，已成功举办首期海洋经济高质量发展研修班。为保持培训热度，共举办 11 场线下培训和 4 场线上培训，2023 年跨境数字营销人才线上研修班面向全球免费直播授课，助力跨境电商人才培养和产业合作。成功举办多个品牌赛事，涉及 40 多个新工业领域未来热点技术技能，吸引 1000 多支队伍参赛，通过赛前训练营联合培养人才，增进各国选手间的互动交流。

第四，不断完善海外人才来厦门工作生活保障。设立外国高端人才“一卡通”服务试点，在产业园区设立外国人才服务站、移民事务服务站，设立“外国人才工作、居留许可‘一件事’联办窗口”，这些举措均为全省首创。此外，积极争取并获批“外国高端人才确认函”审发权限，并编发《外籍人才来厦工作生活指导手册》提供实用资讯。联合国家外汇管理局厦门分局推进外籍人才薪酬购付汇便利化试点工作，在优化合同审核、简化税务凭证、允许用人单位统一代办等方面提供便利。此外，外国人才服务站与移民事务服务站联动，新设分站举办主题活动，为外籍人才提供更好的服务体验。同时，启动外籍人才专业技术、技能评价试点工作，让外籍人才更好地融入本地工作环境。厦门火炬国家高新区园区也建设了外国人才服务站和国际留学人员创业就业基地，开展多项试点工作，累计引进和培育海内外高层次创新创业人才近 5000 名，为留学人员提供了良好的创业平台。这些举措不仅提高了厦门对外籍人才的吸引力，也进一步优化了本地的营商环境和创新创业生态。厦门留学人员创业园综合评价排名升至全国第三，累计培育留学创业人才超 1000 名，占全市九成。

（二）主要问题

1. 厦门城市创新生态活力有待进一步激发

首先，当地高校与企业间的产学研结合不够紧密是厦门城市创新生态建

设面临的突出问题。高校和科研机构通常注重基础研究，这在推动科学进步和技术创新方面具有重要作用。然而，在将研究成果转化为实际应用、落地产业化等方面，高校与企业的对接协同度显得相对薄弱。这种局面限制了科技创新对经济社会发展的推动作用。以厦门大学为例，虽然该校与厦门企业之间的产学研合作项目数量可观，但是仍存在碎片化问题，目前合作项目缺乏系统性和整体性，未能充分整合各方资源和优势，以实现更大范围和更深层次的创新应用，重大的系统性横向项目以及能够推动产业发展的高辨识度成果数量相对较少。为改善这一状况，进一步加强高校与企业之间的产学研合作至关重要。这不仅可以促进基础研究成果在实际应用中的落地转化，提高科技创新的社会经济效益，还有助于培养具备创新和实践能力的高素质人才。同时，通过深化产学研合作，可以推动企业和高校之间的资源共享，提升区域创新的整体水平和竞争力。因此，当地政府和相关部门应积极采取措施，促进高校与企业之间的紧密合作，为推动科技创新和产业发展创造更加有利的条件和环境。

其次，厦门在提升产业链协同创新能力、促进龙头企业与中小企业合作、加强本地配套等方面仍面临诸多挑战。产业链上下游企业之间的协同创新程度相对较低，这意味着企业之间在技术创新、产品研发等方面的合作并不紧密。这种状况导致产业整体未能体现出研发密集型特征，即研发投入占比不突出。厦门的一些龙头企业，作为产业链的核心和引领者，本应对当地上下游配套中小企业发挥更强的创新带动作用，然而，目前这些企业对当地中小企业的创新带动作用有限，未能有效促进中小企业技术创新和产品升级。另外，产业链本地配套较低也是一个突出问题。很多龙头企业选择自带或者在外地寻找稳定的配套厂商，导致与本地中小企业的配套合作较少，协同程度不够。这种情况限制了本地中小企业的发展机会，也阻碍了产业链的本地化进程。此外，厦门本地科技型中小企业的实力相对较弱，这也限制了它们的技术和产品融入龙头企业供应链配套体系的能力。由于实力有限，这些中小企业往往无法满足龙头企业的严格要求，难以进入其供应链体系，从而限制了自身的发展空间。

最后，城市产业创新人才集聚度不高。在高层次创新人才队伍建设上，按照社会习惯，高层次研发人才往往在意编制身份以及由此带来的隐性资源，绝大多数更加愿意依托入职高校，再双聘到厦门当地创新实验室。在人才引进上，虽然福建省、厦门市非常支持实验室通过编制池吸引和留住重要人才，但是受限于地方编制无法核拨至部属高校，所以在壮大研发队伍方面进展不顺。事实上，地方编制无法核拨给部属高校仅是表象，深层次原因在于编制池编制带来的隐性资源无法与厦门大学教师编制背后的资源保障相匹配。在人才政策落实上，尽管近年来针对高层次人才，省市和各单位陆续推出人才发展新政策，针对不同类型的高层次人才，提供不同形式或不同金额的安家补助，以缓解高层次人才的生活压力，然而，在实际落地过程中，厦门的高层次人才，尤其是福建省创新实验室的高层次人才在实际领取安家补助过程中出现打半折或按照政策在领取安家补助和四五折购房之间不能二选一的现象，影响了人才政策的推行效果。高层次人才子女教育入学排队久、派位难等相关问题也需要政府协同教育局等单位给予支持。目前，厦门一些小学的入学名额紧张，派位困难，如何解决省市高层次人才子女教育问题仍是一大难题。此外，在人才评价上，对产业贡献关注程度不高，“破四唯”执行力度有待进一步加强。虽然福建省已通知下放自然科学研究、实验技术等系列的职称评审权给省创新实验室，自主开展职称评审并聘任，但是在实际推进过程中仍存在备案路径不清晰、评聘社会认可度不确定等情况。此外，福建省以及厦门市现行职称评审、人才计划仍以高水平论文、国家或省级项目为优选项，不适用于现阶段类似省创新实验室以工程产业化为目标的新型科研机构，在实际推进过程中从事产业化的人才获得的认可度不高。

2. 厦门与周边区域创新协同成效不太显著

首先，当前厦漳泉都市圈一体化进展略显缓慢，尤其是在产业协同发展方面。主要原因在于：第一，行政区划关系始终高于市场区际关系，这使得三地之间在功能定位、产业分工、城市布局、设施配套、综合交通体系等方面尚未形成有效协同。各地更注重自身行政区划内的利益，而非整个都市圈的整体利益，这无疑制约了厦漳泉都市圈一体化的进程。第二，财政政策、投资政策、项目安排等方面的相互竞争也使得厦漳泉都市圈一体化发展受到阻碍。各地往往为了自身发展而争夺资源和项目，无法形成有效的融通和合作，这无疑削弱了都市圈整体的竞争力。第三，一体化公共服务共享发展水平亟待提升。目前，厦漳泉都市圈缺乏产业人才大数据平台，人才要素共建共享互补流动机制尚未形成，这制约了人才资源的优化配置和高效利用。同时，公共服务的不均衡分布也影响了都市圈的整体生活质量和吸引力。

其次，厦门与闽西南其他城市之间的创新协同程度相对低下。主要有四个方面的表现：第一，创新资源分布不均。厦门作为经济特区，拥有较为丰富的创新资源和优惠政策，而闽西南地区的其他城市在这方面相对较弱。同时，创新资源共享程度相对偏低。创新资源在厦门与闽西南地区其他城市之间的流动和共享面临诸多阻力，这可能导致在科技创新合作方面存在一些不平衡、不对等现象。第二，产业链协同不够紧密。厦门与闽西南地区其他城市之间的产业链协同不够紧密，产业缺乏足够的互补性，甚至在很多方面还存在竞争关系。第三，科技创新合作机制不健全。目前，厦门与闽西南地区其他城市之间的科技创新合作机制还不够健全，缺乏有效的沟通、协调和合作机制。第四，科技创新人才流动受限。由于户籍、社保等限制，科技创新人才在厦门与闽西南地区其他城市之间的流动受到一定限制，这可能会影响科技创新合作的深度和广度。

最后，厦门与台湾科技合作有待深化，呈现落后于国内其他城市（如北京、上海、深圳、东莞、昆山等）的趋势。厦门与台湾之间的合作交流，尤其是科技合作尚未形成长效机制。主要原因包括：第一，两岸科技合作需要遵守各自的政策法规，而这些政策法规可能存在差异和冲突，如知识产权保护、技术转移等方面存在不同的规定和标准，这可能会影响两岸科技合作的效率和效果。第二，两岸科技合作受到政治、经济、文化等方面差异的影响，在推进过程中的效果可能会大打折扣，无法实现预期的目标。第三，两岸在科技领域的合作需要具备一定的专业知识和技能，而目前两岸在这方面的交流和合作还不够深入，缺乏足够的专业人才和技术支持。

3. 厦门融入国际创新网络的进程缓慢

首先，近年来厦门的国际科技交流与合作受到一定阻碍。第一，疫情给国际科技交流与合作带来了严重阻碍。国家间的人员流动受到极大限制，科研人员难以进行面对面的交流与合作。这导致科技领域的智库合作方式相对单一，缺乏灵活性和创新性。与此同时，疫情也加速了数字化转型的进程，推动了线上交流的增加。然而，线上交流虽然方便，但也存在信息传递不全、沟通效果不佳等问题，难以完全替代面对面的交流。第二，国际局势变化也对厦门的国际科技交流与合作产生了影响。近年来，国际政治经济格局发生了深刻调整，一些国家加强了科技封锁和技术壁垒，给国际科技交流与合作带来了困难。在这种背景下，厦门在吸引其他国家尤其是金砖国家智库方面的努力受到了一定限制，难以快速建立深度合作，推进智库国际化。此外，当前课题研究的内容也存在一些问题。社科类课题研究较多，而产业科技类课题研究相对较少。这种不平衡的现象限制了厦门在国际科技交流中的影响

力和竞争力。同时，发布渠道相对单一，缺乏多元化的传播方式，也进一步影响了厦门在国际科技交流中的话语权。

其次，国际项目合作的广度和深度还不够，具有全局性、根本性影响的重大项目、创新项目和科技成果落地速度较慢。厦门在国际项目合作中所面临的问题复杂且紧迫。在追求全球科技创新的领导地位时，广度和深度成为衡量其国际项目合作是否有效的关键指标。然而，就目前情况来看，厦门这两个方面均显不足。在广度上，厦门的国际项目合作尚未能充分覆盖多个领域和多元化的合作伙伴，尽管已经建立与一些国家和地区的合作，但还远远不够全面。为了真正实现具有全球影响力的科技创新，需要更广泛地与国际伙伴建立合作关系，涵盖更多领域，吸引不同背景的合作伙伴。在深度上，现有的合作项目多数还停留在表面层次，缺乏深入、实质性的合作。很多合作项目只是简单地交换技术或资源，而缺乏长期、共同的研究和开发。这种浅尝辄止的合作方式限制了双方在某些领域取得突破性进展的可能性。更为重要的是，厦门具有全局性、根本性影响的重大项目、创新项目和科技成果的落地速度较慢。这些项目往往需要大量的资源和时间投入，也面临着更高的风险。厦门在推进这类项目时，还需加强策划和执行力，采取更为积极主动的策略，加强与国际伙伴的沟通与合作，拓宽合作领域，深化合作内容，特别是要重点关注和推动具有全局性、根本性影响的重大项目和科技成果的落地；同时，对于引进的项目也要进行更为严格的筛选和评估，确保项目的质量和影响力。

最后，国际高水平科研院所缺乏，高端科研人才吸引力仍显不足。高水平的科研院所是推动科技创新的重要力量，它们拥有先进的科研设备和优秀的科研团队，能够产生高水平的科研成果。然而，厦门目前缺乏国际高水平科研院所，这使厦门在科技创新领域的竞争力受到了一定影响。教育部的禁令给厦门引进高水平高校来异地办学带来了限制。厦门大学是厦门目前唯一的一所“双一流”高校，由于禁令的限制，厦门引进其他高水平高校的机会窗口已经关闭，这使厦门在高等教育资源和科研实力的提升上受到了一定制约。因此，厦门需要积极寻找其他途径来提升高等教育水平和科研实力，例如加强与国内外高水平高校和科研机构的合作与交流，推动本地高校的水平提升和发展。厦门需要积极引进国际高水平的科研院所，提升本地的科研实力和创新能力。高端科研人才是推动科技创新的核心要素。然而，目前厦门在高端科研人才的吸引力上仍显不足。这主要是由于厦门在人才引进机制、科研环境和生活配套等方面还存在一些不足。为了吸引和留住高端科研人才，厦门需要进一步完善人才引进机制，提供更加优厚的待遇和条件，营造良好的科研环境和生活氛围。此外，金砖创新基地的建设对于厦门科技创新发展具有重要意义。然而，目前基地建设规格未定、人才引进机制不活等因素制约了基地实体机构专职人员队伍的建设。这使基地在专业化、国际梯度协调和活力迸发等方面遇到一定困难，难以形成充实基地建设的人才结构。为了推动金砖创新基地的发展，厦门需要尽快明确基地建设规格，活化人才引进机制，吸引和培养具有专业知识和国际视野的专职人员队伍。

二、战略思路

本报告以 Mageau 等（1995）开发的生态系统活力—结构—韧性（Vigor-Organization-Resilience，VOR）评价框架为基础，提出厦门多层次创新生态系统建设的战略路径模型，探讨厦门该如何从战略层面进行布局，为厦门优化开放创新生态系统提供系统、可行的路径（见图5-1）。

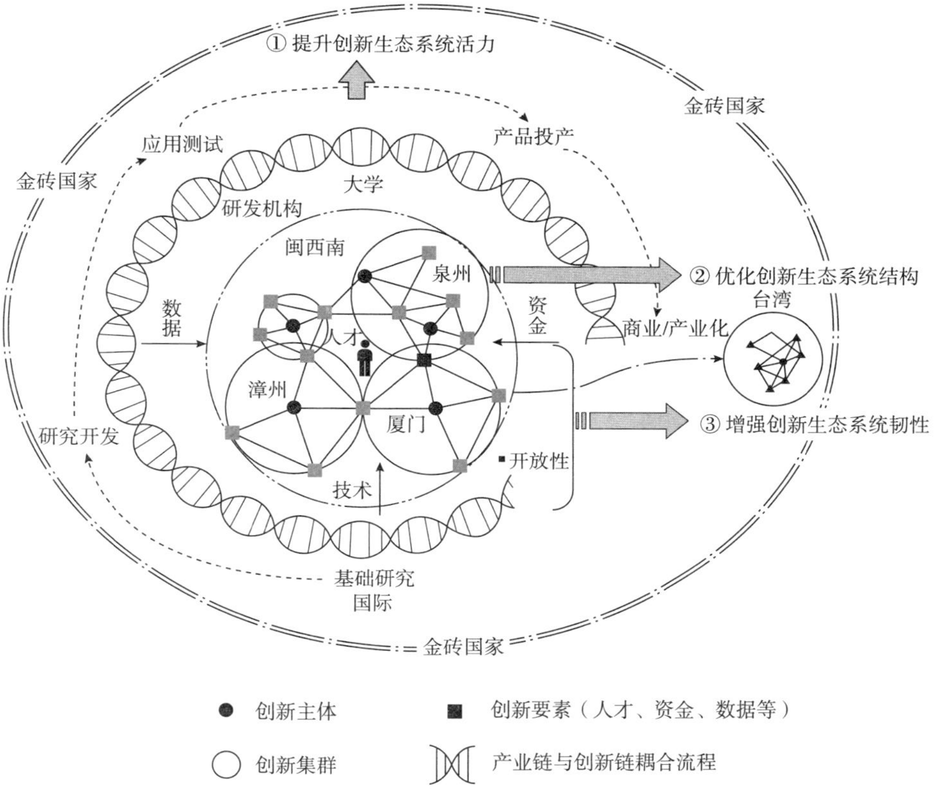

图5-1　厦门多层次创新生态系统建设的战略路径模型

其中，V代表生态系统活力，创新生态系统的活力主要体现在系统的创新竞争力上，创新竞争力的提升可以从加强创新投入水平、提高创新产出效率、提高创新协同程度等方面入手。O代表生态系统结构，创新生态系统结构可以通过创新主体及人才、资金、数据等创新要素的多样性，人才、资金、数据等创新要素的流动及中心度，以及创新主体与创新要素之间的连接来实现。R代表生态系统的韧性，创新生态系统的韧性可以从安全性、保障性、适应性等方面优化。

（一）提升创新生态系统活力

一是加强创新投入水平。加强创新投入水平是提升厦门创新生态系统活力的关键所在。一个城市或地区的创新能力，往往取决于整体以及当地企业在创新上的投入强度和水平。然而，当前厦门创新投入水平仍然相对较低，这制约了创新生态系统的活力和发展潜力。为了改变这一现状，厦门应该从多个层面加强创新投入，激发创新活力。首先，从城市整体层次来看，厦门应加快推进大型研发创新基础设施建设。这些基础设施是支撑创新活动的重要平台，能够为科研机构、企业提供一流的研发环境和条件。通过加大投入，建设高水平的实验室、技术中心、科研院所等基础设施，厦门可以吸引更多的科研人才和企业落户，推动科技创新的蓬勃发展。其次，进一步加强科技型企业建设是提升创新投入水平的重要途径。科技型企业是创新的主力军，它们在技术研发、产品开发、市场拓展等方面具有强大的动力和活力。厦门应加大对科技型企业的支持和培育力度，通过提供优惠政策、资金支持、人才引进等措施，激发企业的创新活力。同时，鼓励企业加大研发投入，提升自主创新能力，推动科技成果转化为现实生产力。此外，厦门还可以加强产学研合作，促进创新资源的优化配置。通过搭建产学研合作平台，促进高校、科研机构与企业之间的紧密合作，实现创新资源的共享和互利共赢。这种合作模式可以有效地提升创新投入水平，加速科技创新成果的转化和应用。

二是提高创新产出效率。对于厦门来说，激活创新生态系统活力，提高创新产出效率，是实现高质量发展、增强城市核心竞争力的关键所在。然而，当前厦门创新生态系统面临着一些挑战，需要采取有针对性的措施加以解决。

在高新技术领域，厦门缺乏引领产业发展的领军企业和头部企业，这是一个不争的事实。这些领军企业通常具有强大的研发实力、品牌影响力和市场占有率，能够带动整个产业的发展。因此，厦门需要通过政策引导、资源整合等方式，加大对高新技术企业的扶持力度，培育壮大一批具有核心竞争力的领军企业，推动形成产业集群效应。同时，厦门在航空航天、新能源与节能等产业基础方面也相对薄弱。这些产业是未来发展的重要方向，具有广阔的市场前景和应用空间。因此，厦门需要加强对这些产业的研发投入，加快关键核心技术的突破和转化，打造具有国际竞争力的航空航天和新能源产业集群。在众多企业中，仍有很多处于产业链、价值链的中低端，创新多以加工制造和工艺改进环节的创新为主，原始创新能力弱，核心竞争力不强。这种局面不仅限制了企业自身的发展，也制约了整个产业的创新能力和竞争力。因此，厦门需要营造良好的创新氛围，形成良性的创新机制，激发企业的创新内在动力。具体而言，可以通过政策引导、金融扶持、人才支持等方式，鼓励企业加大研发投入，加强技术创新和人才培养，提升企业自身的创新能力和核心竞争力。同时，可以建立健全知识产权保护制度，保护企业的创新成果，激发企业的创新热情。最终，厦门的创新生态系统活力的激活和提升，需要政府、企业、科研机构和社会各界的共同努力。政府应发挥引导作用，营造良好的创新环境和制度保障；企业应发挥主体作用，加大研发投入，提升创新能力；科研机构应加强基础研究，为产业发展提供技术支撑；社会各界应积极参与，共同营造良好的创新氛围和文化。只有这样，厦门的创新生态系统才能真正活跃起来，为城市的高质量发展注入源源不断的创新动力。

三是提高创新协同程度。提高创新协同程度是厦门产业发展中亟待解决的问题。当前，厦门产业配套能力不足，导致产业链上中下游衔接不紧密，大型、龙头企业带动能力不强，众多企业基本上还处于“单打独斗”的局面，关键零部件基本从外地采购。这种局面不仅影响了厦门产业的竞争力和可持续发展，也制约了创新生态系统的活力和效率。为了改变这一现状，厦门应以更大的力度支持更多的高新技术企业转型升级。高新技术企业是创新的主力军，它们通常具有较高的技术创新能力和市场敏锐度，能够迅速适应市场变化和满足产业升级的需求。通过支持高新技术企业转型升级，可以推动它们向产业链高端环节攀升，提高产品附加值和市场竞争力，从而带动整个产业的协同发展。同时，厦门应积极布局未来产业，抢占产业发展的制高点。未来产业是指具有广阔市场前景、高技术含量和高附加值的新兴产业，如人工智能、生物科技、新能源等。通过积极布局未来产业，可以培育新的经济增长点和产业竞争优势，为厦门产业的长期发展奠定坚实基础。在推动产业协同发展的过程中，充分发挥龙头企业的带动作用至关重要。龙头企业通常具有强大的品牌影响力、技术研发实力和资源整合能力，能够引领整个产业的发展方向。因此，厦门应围绕自身产业链，以资金、技术、人才等多种方式带动上下游关联企业协同创新发展。通过龙头企业的引领和带动，可以促进产业链上中下游企业的紧密合作，形成产业协同创新的良好局面。此外，提升产业配套能力也是推动产业协同发展的重要一环。厦门应加大对关键零部件、核心技术等领域的研发和投入，提高本地产业的配套能力和自主创新能力。同时，激励大型国有企业、重点工业企业和上市企业等深挖企业潜能，发挥它们在技术创新、市场拓展等方面的优势，为整个产业的协同发展贡献力量。

（二）优化创新生态系统结构

一是继续提高创新主体多样性，提升创新主体之间的合作程度。厦门当地高水平科研院所相对偏少是导致创新主体多样性不足的一个主要原因，但由于教育部已经明确表明不鼓励、不支持高校跨省开通异地办学，特别是严控部委所属高校、中西部高校在东部地区跨省开展异地办学，不允许审批设立跨省异地校区，因此厦门应鼓励当地大学与世界知名大学以及一流科研机构的实质性合作。合作包括三种类型：第一种是引入世界知名大学来厦门办学，可参考上海纽约大学、宁波诺丁汉大学、西交利物浦大学、昆山杜克大学等欧美合作模式。第二种是扩展与金砖国家大学及研究机构的合作模式，目前厦门已经推进的项目是嘉庚研究院与俄罗斯乌拉尔联邦大学联合成立的中俄数字机械工程中心，未来应继续以金砖创新基地建设重点任务为牵引、围绕厦门重点布局发展的前沿技术，拓展与其他金砖国家知名高校、研究机构的合作以及人才培养，如在推进ONCE计划过程中吸引更多金砖国家高校、研究机构的加入，支持其发展成为服务国家战略的重要国际协同创新平台。第三种是强化厦门与台湾高校以及研究机构的合作，在厦门大学与金门大学校际交流合作基础上，全面梳理台湾高校以及研究机构，根据双方学科特色以及优势形成具有针对性、长期性的合作框架。

二是提高创新人才多样性，并不断提高创新人才的流动与连接程度。针对厦门城市创新人才聚集度不高的问题，应继续优化产业人才目录以提升创新人才的多样性，尤其是与厦门现代化产业体系建设相关各个层次的科技创新人才，形成多层次、多维度科技创新人才认定标准，同时按照产业领域对人才队伍及结构进行盘点摸底，并基于《中华人民共和国国民经济和社会发展第十四个五年规划和2035年远景目标纲要》对科技创新人才的需求，形成具有针对性、现实性以及前瞻性的引才策略。破解厦门创新人才聚集度不高、厦台科技合作有待深化、国际科技交流深度、广度有待加强等问题还可以从改善创新人才的流动与连接程度来入手。第一，形成针对台湾的引才专项，充分发挥厦门在促进两岸融合发展中的积极作用。目前国家自然科学基金委已开拓海外优秀青年项目以及港澳优秀青年项目。在此基础上，可以争取台湾地区优秀青年学者项目，允许台湾地区高校或科研机构优秀青年学者依托厦门高校或研究机构申报国家高层次人才项目，提高对台湾地区高层次青年科技人才的吸引力度。第二，开设外国专家在厦短期工作项目，尤其是金砖创新基地国家的专家，针对重点科研项目成立联合攻关团队，开展实质性合作。第三，提高科技人才自主培养的国际化视野，鼓励厦门当地大学与世界一流高校（包括台湾高校）开展暑期学校、短期访问等人才联合培养项目。

三是继续提升创新资源的多样化，不断改善创新资源的流动与连接程度。创新资源的流动与连接能够提升创新生态系统的开放性，尤其是在厦门打造区域科技创新中心、融入全球创新网络过程中，更要在提升创新资源多样化的同时，改善创新资源的流动与连接程度。第一，注重清单式管理，搭建场景创新实验室，定期发布场景“机会清单”“能力清单”，促进创新资源的高效流动与配置。深入实施科技创新应用场景示范项目建设，加快大数据、人工智能、工业互联网等新一代信息技术与制造业的深度融合发展，推动建设更多工业应用场景。第二，推进厦门国家知识产权强市建设示范城市建设。高标准建设中国（厦门）知识产权保护中心。推进创新成果产权化，培育高价值专利、知名商标品牌、特色地理标志，打造特色精品版权。推动知识产权金融服务创新，推动知识产权证券化、融资租赁、担保、保险、信托等融资模式创新。加快海丝中央法务区知识产权要素供给侧保障综合体建设，打造知识产权中心商务区（CBD）。

（三）增强创新生态系统韧性

一是优化创新生态系统的安全性。厦门建设多层次开放创新生态系统的重要前提是安全性，主要体现在厦门建设金砖国家创新基地以及融入全球创

新网络的过程中。首先，厦门应基于当前金砖创新基地建设，发挥厦门“空”“港”“台”“侨”等资源禀赋优势，织密互联互通合作网络，增强作为“一带一路”衔接点、国内国际双循环重要节点的枢纽功能。广泛对接联络金砖国家高校、研究机构，推进智库国际合作进程，汇聚金砖创新基地战略咨询委员会、工信部部属机构、智库合作联盟智力支持，持续推出更具影响力的研究成果、发布权威性更强的产业发展指数，打造金砖创新基地政策与知识分享平台，推动研究成果转化落地。其次，厦门应广泛联合中国电子技术标准化研究院，推动成立金砖国家信息技术标准化技术协会等专业组织，增强科技标准制定以及认定的国际话语权，推广“金砖优品码”等亮点生态应用，服务金砖国家间的技术交流、创新成果转化及数字领域各行业标准互联互通互认；依托厦门市金砖未来技能发展与技术创新研究院，持续开展相关团体标准制定和课程开发工作，探索推进金砖国家间质量、技术领域标准互认工作。

二是增强创新生态系统的保障性。首先，厦门可以进一步提升产业链、供应链的韧性，增强经济的抗压能力和可持续发展潜力。在提升厦门产业链、供应链韧性的过程中，政策引导和规划布局的作用不可忽视。厦门市政府需要明确其产业发展方向，确保政策具有前瞻性和针对性。这样不仅可以避免产业链中的同质化竞争，还能促进产业的差异化发展。为了做到这一点，第一，进行深入的产业研究。这包括分析全球和国内的产业趋势，了解哪些产业正处于上升期，哪些产业可能面临衰退。这样，厦门市政府可以确保其产业政策与时代保持同步，始终引领产业的发展方向。第二，政策引导需要注重资源的优化配置。这意味着，政府不仅要关注大型企业的发展，也要关心中小企业的成长。通过合理的资源配置，可以推动整个产业链的健康、稳定发展。第三，在政策实施过程中，要注重政策的落地和执行。可以通过建立政策执行的监督机制和评估机制，确保政策的有效实施，并根据执行情况对政策进行及时调整，使其更加符合实际需要。其次，厦漳泉以及闽西南民生社会事业还不足以支撑城市之间的创新协同发展。对此，在建设区域创新生态过程中应加快民生社会事业共建共享，推进国家区域性医疗中心建设，成立厦漳泉儿科医联体和跨区域远程医疗平台、同城化应急管理平台，实施医学影像和检查报告互认制度，构建厦漳泉参保信息共享机制，打通居民健康信息系统平台以及突发公共卫生事件应急指挥平台，促进医疗服务网络化和同城化。此外，厦漳泉以及闽西南区域基础教育资源还非常不均衡，不利于吸引科技创新人才，未来应进一步整合教育资源，建立不同地区之间的名校名师对口支援、师资培养培训和职业教育结对等山海教育交流合作机制。

三是提高创新生态系统的开放性。开放创新生态系统建设的关键所在就是开放性，这种开放性不仅意味着本地创新主体之间的合作与互动，更在于厦门积极融入全球创新网络，与更广泛的国际创新生态系统建立紧密的联系与合作。首先，厦门应充分发挥“空”“港”“台”“侨”等资源禀赋优势，织密互联互通的国际科技合作网络。作为全球经济增长的重要引擎，共建“一带一路”国家和地区拥有丰富的创新资源和巨大的市场潜力。厦门作为中国的重要港口城市和对外开放门户，具有得天独厚的地理位置和资源优势，应积极加强与这些国家和地区的科技交流与合作。此外，还应加强与欧美国家和地区的科技交流，借鉴和吸收国际先进技术和管理经验，推动自身产业转型升级和创新发展。为了实现这一目标，厦门需要采取一系列措施来提高创新生态系统的开放性。第一，政府应加强与共建“一带一路”国家和地区的政策沟通和协调，为科技交流与合作创造有利的政策环境。第二，推动产学研用深度融合，建立跨国界、跨领域的科技创新合作平台，促进创新资源的共享和优化配置。其次，当前厦门与金砖国家合作项目产业化程度相对较

低，据此应在国际合作项目推进上，以促进发展、自愿参与、开放创新为原则，围绕智能制造、绿色工业、新能源、中小企业数字化转型等金砖国家新工业革命领域热点方向，结合金砖国家工业创新大赛评选出的优秀项目，以及面向金砖各国征集的优秀项目，建立金砖国家新工业革命领域合作发展项目库，充分发挥市场机制作用，推动金砖各国在资金、技术、人才、设施设备等方面的资源要素对接，促进项目合作开发与落地转化；成立金砖创新企业联合会，帮助企业深度链接金砖国家优质资源要素，为企业“抱团”出海赋能。最后，针对金砖创新基地建设专业人才需求越发迫切的现状，应依托中俄数字经济研究中心等金砖基地国际创新成果转化合作载体，创新人才政策，引进资深科学家等金砖国家科技人才，加强新工业革命关键技术联合研发，推动产业国际合作。同时，以中国驻金砖国家使领馆及驻外机构、金砖国家驻华使领馆及驻华机构、境外经贸合作园区、海外联络点等作为桥梁，加强与金砖及其他国家产业科技园区的互动交流，引导和支持企业赴海外投资建厂、开设业务网点。

三、政策建议

（一）加强开放创新生态系统的多层次规划与布局

建议继续优化厦门产业发展与科技创新的顶层规划与整体布局，着力形成多空间层次的开放创新生态系统。一是打造具有多个空间层次、由未来产业以及战略性新兴产业发展需求牵引的开放式创新生态；加强企业与当地高校在成果落地、产业化以及与企业的需求对接等方面的产学研合作深度与广度，在增加产学研合作项目数量的同时，还应考核评价不同项目对现代化产业体系建设的支撑程度；加强产业链上下游企业协同创新程度，在财政政策、投资政策等方面鼓励龙头企业在本地建立配套设施，激发上下游企业的内生创新动力，提升产业链、供应链整体的创新水平。二是以区域协同来拓展厦门科技创新发展空间，由闽西南协同发展办公室建立定期推进制度，牵头各个城市主要负责部门，进一步围绕三地功能定位、产业分工、城市布局，梳理不同产业创新领域生态系统的空间范围以及辐射产业，夯实区域科技创新协同的深度和广度。三是围绕创新生态系统构建的实际需求形成厦漳泉及闽西南不同城市之间的沟通与合作框架，尤其是在创新要素与资源的流动上，进一步破除行政区划导致的户籍、社保、子女教育等方面的限制，加强人才和创新资源的有序流动与共享。四是优化面向开放创新生态建设的公共服务共享体系及平台，如建设厦漳泉产业人才大数据平台，形成人才要素共建共享互补流动机制，完善大型科研基础设施建设运营和开放共享机制，并在财政政策、投资政策、项目安排等方面理顺闽西南不同城市之间的竞合关系，扎实推进厦漳泉以及闽西南不同城市间的区域产业创新协作。

（二）积极探索海峡两岸科技产业融合发展新模式

聚焦两岸深度融合，以厦门区域科技创新中心建设构筑厦台科技创新与产业协同融合发展新模式。一是率先开展厦金全面融合探索实践，建设两岸共同产业生态圈、共同市场、共同家园，支持台湾同胞共享大陆发展机遇，打造两岸融合发展示范区、台企台胞登陆第一家园“第一站”。在科技创新方面，应进一步梳理厦金能够形成优势互补的重点科技领域以及关键产业和技术环节，积极探索厦金创新交流与科技合作的可能模式。二是打造两岸参与国际竞争合作的共同市场，高水平建设台商投资区、海峡两岸集成电路产业合作试验区、两岸区域性金融服务中心、两岸新兴产业和现代服务业合作示范区等重大涉台园区，构筑对台产业承接和集聚平台。深化厦台电子信息、机械装备、现代农业等优势产业对接，加强集成电路、生物医药、海洋经济等新兴产业合作，积极引进台资核心技术、龙头项目和高端人才。推进厦台产业合作模式、机制创新，建设一批集成电路、生物医药、数字经济、能源材料等产业协作示范基地。三是继续优化两岸创新创业基地建设，充分发挥“海峡两岸青年就业创业基地（示范点）”的引领作用。既要提升厦门人才政策对台湾高端领军人才、专业人才、创业青年、毕业生等不同层次人才力量的全覆盖，又要完善厦门市、区两级台胞台企金融服务站体系，提升“闽西南科技板”引导基金、海峡两岸台商基金等金融支持体系对台湾来厦企业的扶持力度。四是形成以厦门为核心，整合厦漳泉都市圈其他城市特色与优势的对台科技交流新格局，如厦门作为现代都市对台湾同胞的经济吸引力、泉州和漳州作为闽南文化发源地对台湾同胞的文化吸引力，加快推动海峡两岸特色产业园的建设，如集成电路产业合作试验区、数字经济融合发展示范区。

（三）加快推进在厦台资企业创新驱动高质量发展

科技创新是推动厦门台资企业高质量发展的核心驱动力。厦门要坚持科技创新优先，实施更加务实的举措，切实有效地推进当前在厦台资企业产业升级与高质量发展。首先，深入落实台资企业同等政策待遇是当务之急。应该优化对台资企业的精准帮扶，确保在厦台企能够享受到政策带来的红利。通过推动台资企业实施技术改造、技术创新、产品升级和品牌提升，加快数字化、精细化、柔性化改造进程，从而使其更加符合新发展的理念。其次，鼓励台资企业加大研发投入是至关重要的。研发是新技术的源泉，只有不断地研发，企业才能保持竞争力。应该鼓励台资企业参与各种工程研究中心、企业技术中心和工业设计中心的建设，与本地企业加强技术合作和交流。通过消化吸收再创新和集成创新，台资企业可以研发新产品、开发新工艺，从而加快技术成果的转化落地。再次，支持台资企业在工业互联网和5G领域进行探索和拓展也至关重要。工业互联网和5G技术是未来工业的发展方向，在对这些技术的应用上，我们应该给予台资企业充分的支持。通过引导台资企业发展服务型制造，培育大规模个性化定制、全生命周期管理、远程运行维护等服务，带动价值链向中高端攀升。最后，营造支持台资企业转型升级和创新创业创造的良好氛围是关键中的关键。应该积极推动台资企业转型升级，支持其融入厦门现代产业体系建设发展，努力在探索海峡两岸融合发展新路上迈出更大步伐。

（四）以金砖创新基地建设扩展创新生态系统边界

拓展国际合作纵深，以加快建设金砖创新基地为抓手扩展创新生态系统边界，积极融入全球创新网络。一是继续争取政策，推进金砖国家科技创新孵化中心建设。结合厦门当前产业特色以及现代化产业发展方面，梳理厦门与金砖国家合作方向、内容以及运行思路，制定孵化中心运营方案。在国际合作平台的搭建上，以新工业革命领域赋能平台以及新时代科创孵化园建设为抓手，按照“1+2+N”模式创新规划布局①，打造一批基地特色空间载体平台，创新运作机制，以孵化新时代科创企业为主要目标，推动与金砖国家及其他新兴市场国家和发展中国家的科技交流合作、科技创新与产业孵化工

① “1+2+N”模式创新规划布局，即依托金砖未来创新园1个综合服务中心，厦门科学城I号孵化器、福建省人工智能产业园2个示范园区，辐射海洋高新产业园等多个特色园，并适时拓展境外工作中心。

作。助力金砖国家新工业革命伙伴关系创新基地成为深化金砖合作新机制的“试验田”和“桥头堡”，为服务共建全球发展新格局做出贡献。创新运作机制，以孵化新时代科创企业为主要目标，建立金砖国家大学和科技园合作网络，通过人才培育、金融支持，搭建技术交易和知识产权运营平台，建立全要素、全链条创新孵化体系。优化金砖国家创新创业生态，建设“云孵化”平台，线上平台和线下载体紧密融合，打破地域限制，实现与金砖国家间的信息化互动。统筹厦门市创新平台、科创孵化器和产业园区，构建“1+N”建设发展模式，细化专职运营队伍建设、专项基金资本运作方案，打造金砖及“金砖+”科技创新孵化和加速基地，加快建设金砖智能制造基地（厦门同翔高新城）、厦门金砖数字工业智谷等特色园区，推动科创企业、赋能平台等创新主体在厦门金砖未来创新园形成集聚。二是加快金砖国家技术标准及知识产权互认，推进建设新工业革命领域赋能平台、中俄数字经济研究中心，策划金砖国家科技创新孵化中心等新一批标志性平台、旗舰项目，支持企业“走出去”。三是吸引境外知名高校院所、跨国公司等来厦门设立研发中心和创新基地。支持有实力的龙头企业和新型研发机构建设离岸孵化器、离岸研发中心等创新平台，通过“海外孵化—国内加速”“海外研发—国内转化”等方式，加强与国际创新产业高地的联动发展。四是积极举办金砖国家新工业革命伙伴关系论坛、工业创新大赛、新工业革命展览会、智库国际研讨会智库合作中方理事会年会等高规格活动。

（五）优化国内外高层次人才集聚的政策保障体系

坚持人才引领驱动，以国内外高层次人才引进、交流政策保障体系的优化来支撑开放式创新生态建设。一是坚持问题导向，优化高层次人才编制池。为了增强对高层次人才的吸引力，厦门应优化高层次人才编制池。尽管编制池从形式上无法核拨到厦门大学，但可以参照厦门大学教师编制带来的资源赋予“高层次人才编制池”对等的保障和支持，例如由市人才工作领导小组牵头，与各成员单位合作，为编制池高层次人才提供家属落户、配偶安置、子女入学、医疗保健、养老保险、居留和出入境申请等方面的优质服务，确保他们享受到超越一般水平的待遇。二是打造“厦门生活范儿”引才形象IP。在“一刻钟便民生活圈”的基础上，孵化器周边应建设融合厦门特色与现代生活潮流的人才社区，使之成为厦门的“群鹭栖息地”，为人才搭建“筑梦大舞台”。这样的社区不仅能满足人才的基本生活需求，还能为他们提供交流、合作与创新的平台。三是加快完善出台金砖创新基地人才选聘及管理办法，持续深化外籍人才服务管理改革，通过“制度引才、机构聚才”，加快引育高端国际化专业人才，加快基地国际化进程，吸引和集聚全球优秀人才参与厦门的创新生态建设，为开放创新提供强有力的人才保障。同时，推动探索更加便利的外籍专业人才执业、居住等制度，让海外人才“来了厦门就不想走”。四是跟踪解决当前省市和各单位高层次人才引进与发展新政策落实不到位的情况，如政府应从顶层设计的角度与教育部门、人社局、税务局等相关单位就高层次人才的子女教育、安家补助落地等方面给予支持。

附表　厦门打造国家区域科技创新中心的部分量化指标及测算依据

指标维度	具体指标	2027 年目标值	2022 年实际值	测算依据
区域科学研究高地	两岸共建联合实验室或新型研发机构	3~5 家	0	《厦门综合改革试点方案（2023-2027）》明确提出："试点引进台湾地区一流高等学校开展技术类基础研究。支持龙头企业与科研院所、高等学校共建联合实验室或新型研发机构，协同开展关键核心技术攻关，鼓励设立两岸合作研发机构。完善两岸科技合作机制，支持央地共同实施重大科技项目。"
	R&D 强度	3.5%左右	3.2%	在现有水平上略有增长
	基础研究经费占研发经费比重	7%以上	4.50%	2022 年全国基础研究经费所占比重为 6.57%，预计 2027 年会进一步提升，厦门至少达到全国平均水平
	每万人研发人员数	180 人左右	167 人*	2021 年有 8.83 万名研究人员，按照 528 万人计算，指标值约为 167
区域创新要素集聚高地	创新飞地	5~10 个	1 个	围绕厦门产业发展，需要在主导产业等领域形成差异化"创新飞地"

续表

指标维度	具体指标	2027年目标值	2022年实际值	测算依据
区域产业创新高地	“独角兽”企业	1~2家	0	
	“小巨人”企业	360家	168家	前五批已培育了168家，未来五年每年新增40家
	专精特新中小企业	3700家	1743家	已培育1743家专精特新企业，未来5年每年新增400家
	高新技术企业	5000家	3607家	已有3607家，未来每年新增300家
	高技术产业增加值	2000亿元	1035亿元	2022年，厦门全市规模以上工业高新技术产业实现增加值1034.67亿元，按照高新技术企业从3607家增长到5000家的比例，估算为2000亿元
	数字经济规模	6000亿元	4790亿元	按照低限6%的复合增长率计算，至少可达到6410亿元
	技术合同成交额	140亿元	99.38亿元	按照低限6%的复合增长率计算，至少可达到141亿元

注：*为2021年数据。